Bettelbuch
Lesen Sie bitte und spenden Sie

Mutter Hautberg

Bettelbuch

Lesen Sie und spenden Sie bitte!

Bibliografische Information der Deutschen
Nationalbibliothek
Die Deutsche Nationalbibliothek verzeichnet
diese Publikation in der Deutschen
Nationalbibliografie; detaillierte bibliografische
Daten sind im Internet über http://dnb.d-nb.de
abrufbar.

ISBN   9783755780908

9,99 Euro

AuaAuaAuaAuaAuaAuaAuaAua
BlödBlödBlödBlödBlöd AlleanderensindSchuld
BitteBitteBitteBitteBitteBitteBitteBitteBitte ich habe
eine kranke Mutter
AuaAuaAuaAuaAuaAuaAuaAua
BlödBlödBlödBlödBlöd AlleanderensindSchuld
BitteBitteBitteBitteBitteBitteBitteBitteBitte ich habe
eine kranke Mutter
AuaAuaAuaAuaAuaAuaAuaAua
BlödBlödBlödBlödBlöd AlleanderensindSchuld
BitteBitteBitteBitteBitteBitteBitteBitteBitte ich habe
eine kranke Mutter
AuaAuaAuaAuaAuaAuaAuaAua
BlödBlödBlödBlödBlöd AlleanderensindSchuld
BitteBitteBitteBitteBitteBitteBitteBitteBitte ich habe
eine kranke Mutter
AuaAuaAuaAuaAuaAuaAuaAua
BlödBlödBlödBlödBlöd AlleanderensindSchuld
BitteBitteBitteBitteBitteBitteBitteBitteBitte ich habe
eine kranke Mutter
AuaAuaAuaAuaAuaAuaAuaAua
BlödBlödBlödBlödBlöd AlleanderensindSchuld
BitteBitteBitteBitteBitteBitteBitteBitteBitte ich habe
eine kranke Mutter
AuaAuaAuaAuaAuaAuaAuaAua
BlödBlödBlödBlödBlöd AlleanderensindSchuld
BitteBitteBitteBitteBitteBitteBitteBitteBitte ich habe
eine kranke Mutter
AuaAuaAuaAuaAuaAuaAuaAua
BlödBlödBlödBlödBlöd AlleanderensindSchuld
BitteBitteBitteBitteBitteBitteBitteBitteBitte ich habe
eine kranke Mutter
AuaAuaAuaAuaAuaAuaAuaAua
BlödBlödBlödBlödBlöd AlleanderensindSchuld

BitteBitteBitteBitteBitteBitteBitteBitteBitte ich habe
eine kranke Mutter
AuaAuaAuaAuaAuaAuaAuaAua
BlödBlödBlödBlödBlöd AlleanderensindSchuld
BitteBitteBitteBitteBitteBitteBitteBitteBitte ich habe
eine kranke Mutter
AuaAuaAuaAuaAuaAuaAuaAua
BlödBlödBlödBlödBlöd AlleanderensindSchuld
BitteBitteBitteBitteBitteBitteBitteBitteBitte ich habe
eine kranke Mutter
AuaAuaAuaAuaAuaAuaAuaAua
BlödBlödBlödBlödBlöd AlleanderensindSchuld
BitteBitteBitteBitteBitteBitteBitteBitteBitte ich habe
eine kranke Mutter
AuaAuaAuaAuaAuaAuaAuaAua
BlödBlödBlödBlödBlöd AlleanderensindSchuld
BitteBitteBitteBitteBitteBitteBitteBitteBitte ich habe
eine kranke Mutter
AuaAuaAuaAuaAuaAuaAuaAua
BlödBlödBlödBlödBlöd AlleanderensindSchuld
BitteBitteBitteBitteBitteBitteBitteBitteBitte ich habe
eine kranke Mutter
AuaAuaAuaAuaAuaAuaAuaAua
BlödBlödBlödBlödBlöd AlleanderensindSchuld
BitteBitteBitteBitteBitteBitteBitteBitteBitte ich habe
eine kranke Mutter
AuaAuaAuaAuaAuaAuaAuaAua
BlödBlödBlödBlödBlöd AlleanderensindSchuld
BitteBitteBitteBitteBitteBitteBitteBitteBitte ich habe
eine kranke Mutter
AuaAuaAuaAuaAuaAuaAuaAua
BlödBlödBlödBlödBlöd AlleanderensindSchuld
BitteBitteBitteBitteBitteBitteBitteBitteBitte ich habe
eine kranke Mutter

AuaAuaAuaAuaAuaAuaAuaAua
BlödBlödBlödBlödBlöd AlleanderensindSchuld
BitteBitteBitteBitteBitteBitteBitteBitteBitte ich habe
eine kranke Mutter
AuaAuaAuaAuaAuaAuaAuaAua
BlödBlödBlödBlödBlöd AlleanderensindSchuld
BitteBitteBitteBitteBitteBitteBitteBitteBitte ich habe
eine kranke Mutter
AuaAuaAuaAuaAuaAuaAuaAua
BlödBlödBlödBlödBlöd AlleanderensindSchuld
BitteBitteBitteBitteBitteBitteBitteBitteBitte ich habe
eine kranke Mutter
AuaAuaAuaAuaAuaAuaAuaAua
BlödBlödBlödBlödBlöd AlleanderensindSchuld
BitteBitteBitteBitteBitteBitteBitteBitteBitte ich habe
eine kranke Mutter
AuaAuaAuaAuaAuaAuaAuaAua
BlödBlödBlödBlödBlöd AlleanderensindSchuld
BitteBitteBitteBitteBitteBitteBitteBitteBitte ich habe
eine kranke Mutter
AuaAuaAuaAuaAuaAuaAuaAua
BlödBlödBlödBlödBlöd AlleanderensindSchuld
BitteBitteBitteBitteBitteBitteBitteBitteBitte ich habe
eine kranke Mutter
AuaAuaAuaAuaAuaAuaAuaAua
BlödBlödBlödBlödBlöd AlleanderensindSchuld
BitteBitteBitteBitteBitteBitteBitteBitteBitte ich habe
eine kranke Mutter
AuaAuaAuaAuaAuaAuaAuaAua
BlödBlödBlödBlödBlöd AlleanderensindSchuld
BitteBitteBitteBitteBitteBitteBitteBitteBitte ich habe
eine kranke Mutter
AuaAuaAuaAuaAuaAuaAuaAua
BlödBlödBlödBlödBlöd AlleanderensindSchuld

BitteBitteBitteBitteBitteBitteBitteBitteBitte ich habe
eine kranke Mutter
AuaAuaAuaAuaAuaAuaAuaAua
BlödBlödBlödBlödBlöd AlleanderensindSchuld
BitteBitteBitteBitteBitteBitteBitteBitteBitte ich habe
eine kranke Mutter
AuaAuaAuaAuaAuaAuaAuaAua
BlödBlödBlödBlödBlöd AlleanderensindSchuld
BitteBitteBitteBitteBitteBitteBitteBitteBitte ich habe
eine kranke Mutter
AuaAuaAuaAuaAuaAuaAuaAua
BlödBlödBlödBlödBlöd AlleanderensindSchuld
BitteBitteBitteBitteBitteBitteBitteBitteBitte ich habe
eine kranke Mutter
AuaAuaAuaAuaAuaAuaAuaAua
BlödBlödBlödBlödBlöd AlleanderensindSchuld
BitteBitteBitteBitteBitteBitteBitteBitteBitte ich habe
eine kranke Mutter
AuaAuaAuaAuaAuaAuaAuaAua
BlödBlödBlödBlödBlöd AlleanderensindSchuld
BitteBitteBitteBitteBitteBitteBitteBitteBitte ich habe
eine kranke Mutter
AuaAuaAuaAuaAuaAuaAuaAua
BlödBlödBlödBlödBlöd AlleanderensindSchuld
BitteBitteBitteBitteBitteBitteBitteBitteBitte ich habe
eine kranke Mutter
AuaAuaAuaAuaAuaAuaAuaAua
BlödBlödBlödBlödBlöd AlleanderensindSchuld
BitteBitteBitteBitteBitteBitteBitteBitteBitte ich habe
eine kranke Mutter
AuaAuaAuaAuaAuaAuaAuaAua
BlödBlödBlödBlödBlöd AlleanderensindSchuld
BitteBitteBitteBitteBitteBitteBitteBitteBitte ich habe
eine kranke Mutter

AuaAuaAuaAuaAuaAuaAuaAua
BlödBlödBlödBlödBlöd AlleanderensindSchuld
BitteBitteBitteBitteBitteBitteBitteBitteBitte ich habe
eine kranke Mutter
AuaAuaAuaAuaAuaAuaAuaAua
BlödBlödBlödBlödBlöd AlleanderensindSchuld
BitteBitteBitteBitteBitteBitteBitteBitteBitte ich habe
eine kranke Mutter
AuaAuaAuaAuaAuaAuaAuaAua
BlödBlödBlödBlödBlöd AlleanderensindSchuld
BitteBitteBitteBitteBitteBitteBitteBitteBitte ich habe
eine kranke Mutter
AuaAuaAuaAuaAuaAuaAuaAua
BlödBlödBlödBlödBlöd AlleanderensindSchuld
BitteBitteBitteBitteBitteBitteBitteBitteBitte ich habe
eine kranke Mutter
AuaAuaAuaAuaAuaAuaAuaAua
BlödBlödBlödBlödBlöd AlleanderensindSchuld
BitteBitteBitteBitteBitteBitteBitteBitteBitte ich habe
eine kranke Mutter
AuaAuaAuaAuaAuaAuaAuaAua
BlödBlödBlödBlödBlöd AlleanderensindSchuld
BitteBitteBitteBitteBitteBitteBitteBitteBitte ich habe
eine kranke Mutter
AuaAuaAuaAuaAuaAuaAuaAua
BlödBlödBlödBlödBlöd AlleanderensindSchuld
BitteBitteBitteBitteBitteBitteBitteBitteBitte ich habe
eine kranke Mutter
AuaAuaAuaAuaAuaAuaAuaAua
BlödBlödBlödBlödBlöd AlleanderensindSchuld
BitteBitteBitteBitteBitteBitteBitteBitteBitte ich habe
eine kranke Mutter
AuaAuaAuaAuaAuaAuaAuaAua
BlödBlödBlödBlödBlöd AlleanderensindSchuld

BitteBitteBitteBitteBitteBitteBitteBitteBitte ich habe
eine kranke Mutter
AuaAuaAuaAuaAuaAuaAuaAua
BlödBlödBlödBlödBlöd AlleanderensindSchuld
BitteBitteBitteBitteBitteBitteBitteBitteBitte ich habe
eine kranke Mutter
AuaAuaAuaAuaAuaAuaAuaAua
BlödBlödBlödBlödBlöd AlleanderensindSchuld
BitteBitteBitteBitteBitteBitteBitteBitteBitte ich habe
eine kranke Mutter
AuaAuaAuaAuaAuaAuaAuaAua
BlödBlödBlödBlödBlöd AlleanderensindSchuld
BitteBitteBitteBitteBitteBitteBitteBitteBitte ich habe
eine kranke Mutter
AuaAuaAuaAuaAuaAuaAuaAua
BlödBlödBlödBlödBlöd AlleanderensindSchuld
BitteBitteBitteBitteBitteBitteBitteBitteBitte ich habe
eine kranke Mutter
AuaAuaAuaAuaAuaAuaAuaAua
BlödBlödBlödBlödBlöd AlleanderensindSchuld
BitteBitteBitteBitteBitteBitteBitteBitteBitte ich habe
eine kranke Mutter
AuaAuaAuaAuaAuaAuaAuaAua
BlödBlödBlödBlödBlöd AlleanderensindSchuld
BitteBitteBitteBitteBitteBitteBitteBitteBitte ich habe
eine kranke Mutter
AuaAuaAuaAuaAuaAuaAuaAua
BlödBlödBlödBlödBlöd AlleanderensindSchuld
BitteBitteBitteBitteBitteBitteBitteBitteBitte ich habe
eine kranke Mutter
AuaAuaAuaAuaAuaAuaAuaAua
BlödBlödBlödBlödBlöd AlleanderensindSchuld
BitteBitteBitteBitteBitteBitteBitteBitteBitte ich habe
eine kranke Mutter

AuaAuaAuaAuaAuaAuaAuaAua
BlödBlödBlödBlödBlöd AlleanderensindSchuld
BitteBitteBitteBitteBitteBitteBitteBitteBitte ich habe
eine kranke Mutter
AuaAuaAuaAuaAuaAuaAuaAua
BlödBlödBlödBlödBlöd AlleanderensindSchuld
BitteBitteBitteBitteBitteBitteBitteBitteBitte ich habe
eine kranke Mutter
AuaAuaAuaAuaAuaAuaAuaAua
BlödBlödBlödBlödBlöd AlleanderensindSchuld
BitteBitteBitteBitteBitteBitteBitteBitteBitte ich habe
eine kranke Mutter
AuaAuaAuaAuaAuaAuaAuaAua
BlödBlödBlödBlödBlöd AlleanderensindSchuld
BitteBitteBitteBitteBitteBitteBitteBitteBitte ich habe
eine kranke Mutter
AuaAuaAuaAuaAuaAuaAuaAua
BlödBlödBlödBlödBlöd AlleanderensindSchuld
BitteBitteBitteBitteBitteBitteBitteBitteBitte ich habe
eine kranke Mutter
AuaAuaAuaAuaAuaAuaAuaAua
BlödBlödBlödBlödBlöd AlleanderensindSchuld
BitteBitteBitteBitteBitteBitteBitteBitteBitte ich habe
eine kranke Mutter
AuaAuaAuaAuaAuaAuaAuaAua
BlödBlödBlödBlödBlöd AlleanderensindSchuld
BitteBitteBitteBitteBitteBitteBitteBitteBitte ich habe
eine kranke Mutter
AuaAuaAuaAuaAuaAuaAuaAua
BlödBlödBlödBlödBlöd AlleanderensindSchuld
BitteBitteBitteBitteBitteBitteBitteBitteBitte ich habe
eine kranke Mutter
AuaAuaAuaAuaAuaAuaAuaAua
BlödBlödBlödBlödBlöd AlleanderensindSchuld

BitteBitteBitteBitteBitteBitteBitteBitteBitte ich habe
eine kranke Mutter
AuaAuaAuaAuaAuaAuaAuaAua
BlödBlödBlödBlödBlöd AlleanderensindSchuld
BitteBitteBitteBitteBitteBitteBitteBitteBitte ich habe
eine kranke Mutter
AuaAuaAuaAuaAuaAuaAuaAua
BlödBlödBlödBlödBlöd AlleanderensindSchuld
BitteBitteBitteBitteBitteBitteBitteBitteBitte ich habe
eine kranke Mutter
AuaAuaAuaAuaAuaAuaAuaAua
BlödBlödBlödBlödBlöd AlleanderensindSchuld
BitteBitteBitteBitteBitteBitteBitteBitteBitte ich habe
eine kranke Mutter
AuaAuaAuaAuaAuaAuaAuaAua
BlödBlödBlödBlödBlöd AlleanderensindSchuld
BitteBitteBitteBitteBitteBitteBitteBitteBitte ich habe
eine kranke Mutter
AuaAuaAuaAuaAuaAuaAuaAua
BlödBlödBlödBlödBlöd AlleanderensindSchuld
BitteBitteBitteBitteBitteBitteBitteBitteBitte ich habe
eine kranke Mutter
AuaAuaAuaAuaAuaAuaAuaAua
BlödBlödBlödBlödBlöd AlleanderensindSchuld
BitteBitteBitteBitteBitteBitteBitteBitteBitte ich habe
eine kranke Mutter
AuaAuaAuaAuaAuaAuaAuaAua
BlödBlödBlödBlödBlöd AlleanderensindSchuld
BitteBitteBitteBitteBitteBitteBitteBitteBitte ich habe
eine kranke Mutter
AuaAuaAuaAuaAuaAuaAuaAua
BlödBlödBlödBlödBlöd AlleanderensindSchuld
BitteBitteBitteBitteBitteBitteBitteBitteBitte ich habe
eine kranke Mutter

AuaAuaAuaAuaAuaAuaAuaAua
BlödBlödBlödBlödBlöd AlleanderensindSchuld
BitteBitteBitteBitteBitteBitteBitteBitteBitte ich habe
eine kranke Mutter
AuaAuaAuaAuaAuaAuaAuaAua
BlödBlödBlödBlödBlöd AlleanderensindSchuld
BitteBitteBitteBitteBitteBitteBitteBitteBitte ich habe
eine kranke Mutter
AuaAuaAuaAuaAuaAuaAuaAua
BlödBlödBlödBlödBlöd AlleanderensindSchuld
BitteBitteBitteBitteBitteBitteBitteBitteBitte ich habe
eine kranke Mutter
AuaAuaAuaAuaAuaAuaAuaAua
BlödBlödBlödBlödBlöd AlleanderensindSchuld
BitteBitteBitteBitteBitteBitteBitteBitteBitte ich habe
eine kranke Mutter
AuaAuaAuaAuaAuaAuaAuaAua
BlödBlödBlödBlödBlöd AlleanderensindSchuld
BitteBitteBitteBitteBitteBitteBitteBitteBitte ich habe
eine kranke Mutter
AuaAuaAuaAuaAuaAuaAuaAua
BlödBlödBlödBlödBlöd AlleanderensindSchuld
BitteBitteBitteBitteBitteBitteBitteBitteBitte ich habe
eine kranke Mutter
AuaAuaAuaAuaAuaAuaAuaAua
BlödBlödBlödBlödBlöd AlleanderensindSchuld
BitteBitteBitteBitteBitteBitteBitteBitteBitte ich habe
eine kranke Mutter
AuaAuaAuaAuaAuaAuaAuaAua
BlödBlödBlödBlödBlöd AlleanderensindSchuld
BitteBitteBitteBitteBitteBitteBitteBitteBitte ich habe
eine kranke Mutter
AuaAuaAuaAuaAuaAuaAuaAua
BlödBlödBlödBlödBlöd AlleanderensindSchuld

BitteBitteBitteBitteBitteBitteBitteBitteBitte ich habe
eine kranke Mutter
AuaAuaAuaAuaAuaAuaAuaAua
BlödBlödBlödBlödBlöd AlleanderensindSchuld
BitteBitteBitteBitteBitteBitteBitteBitteBitte ich habe
eine kranke Mutter
AuaAuaAuaAuaAuaAuaAuaAua
BlödBlödBlödBlödBlöd AlleanderensindSchuld
BitteBitteBitteBitteBitteBitteBitteBitteBitte ich habe
eine kranke Mutter
AuaAuaAuaAuaAuaAuaAuaAua
BlödBlödBlödBlödBlöd AlleanderensindSchuld
BitteBitteBitteBitteBitteBitteBitteBitteBitte ich habe
eine kranke Mutter
AuaAuaAuaAuaAuaAuaAuaAua
BlödBlödBlödBlödBlöd AlleanderensindSchuld
BitteBitteBitteBitteBitteBitteBitteBitteBitte ich habe
eine kranke Mutter
AuaAuaAuaAuaAuaAuaAuaAua
BlödBlödBlödBlödBlöd AlleanderensindSchuld
BitteBitteBitteBitteBitteBitteBitteBitteBitte ich habe
eine kranke Mutter
AuaAuaAuaAuaAuaAuaAuaAua
BlödBlödBlödBlödBlöd AlleanderensindSchuld
BitteBitteBitteBitteBitteBitteBitteBitteBitte ich habe
eine kranke Mutter
AuaAuaAuaAuaAuaAuaAuaAua
BlödBlödBlödBlödBlöd AlleanderensindSchuld
BitteBitteBitteBitteBitteBitteBitteBitteBitte ich habe
eine kranke Mutter

AuaAuaAuaAuaAuaAuaAuaAua
BlödBlödBlödBlödBlöd AlleanderensindSchuld
BitteBitteBitteBitteBitteBitteBitteBitteBitte ich habe
eine kranke Mutter
AuaAuaAuaAuaAuaAuaAuaAua
BlödBlödBlödBlödBlöd AlleanderensindSchuld
BitteBitteBitteBitteBitteBitteBitteBitteBitte ich habe
eine kranke Mutter
AuaAuaAuaAuaAuaAuaAuaAua
BlödBlödBlödBlödBlöd AlleanderensindSchuld
BitteBitteBitteBitteBitteBitteBitteBitteBitte ich habe
eine kranke Mutter
AuaAuaAuaAuaAuaAuaAuaAua
BlödBlödBlödBlödBlöd AlleanderensindSchuld
BitteBitteBitteBitteBitteBitteBitteBitteBitte ich habe
eine kranke Mutter
AuaAuaAuaAuaAuaAuaAuaAua
BlödBlödBlödBlödBlöd AlleanderensindSchuld
BitteBitteBitteBitteBitteBitteBitteBitteBitte ich habe
eine kranke Mutter
AuaAuaAuaAuaAuaAuaAuaAua
BlödBlödBlödBlödBlöd AlleanderensindSchuld
BitteBitteBitteBitteBitteBitteBitteBitteBitte ich habe
eine kranke Mutter
AuaAuaAuaAuaAuaAuaAuaAua
BlödBlödBlödBlödBlöd AlleanderensindSchuld
BitteBitteBitteBitteBitteBitteBitteBitteBitte ich habe
eine kranke Mutter
AuaAuaAuaAuaAuaAuaAuaAua
BlödBlödBlödBlödBlöd AlleanderensindSchuld
BitteBitteBitteBitteBitteBitteBitteBitteBitte ich habe
eine kranke Mutter
AuaAuaAuaAuaAuaAuaAuaAua
BlödBlödBlödBlödBlöd AlleanderensindSchuld

BitteBitteBitteBitteBitteBitteBitteBitteBitte ich habe
eine kranke Mutter
AuaAuaAuaAuaAuaAuaAuaAua
BlödBlödBlödBlödBlöd AlleanderensindSchuld
BitteBitteBitteBitteBitteBitteBitteBitteBitte ich habe
eine kranke Mutter
AuaAuaAuaAuaAuaAuaAuaAua
BlödBlödBlödBlödBlöd AlleanderensindSchuld
BitteBitteBitteBitteBitteBitteBitteBitteBitte ich habe
eine kranke Mutter
AuaAuaAuaAuaAuaAuaAuaAua
BlödBlödBlödBlödBlöd AlleanderensindSchuld
BitteBitteBitteBitteBitteBitteBitteBitteBitte ich habe
eine kranke Mutter
AuaAuaAuaAuaAuaAuaAuaAua
BlödBlödBlödBlödBlöd AlleanderensindSchuld
BitteBitteBitteBitteBitteBitteBitteBitteBitte ich habe
eine kranke Mutter
AuaAuaAuaAuaAuaAuaAuaAua
BlödBlödBlödBlödBlöd AlleanderensindSchuld
BitteBitteBitteBitteBitteBitteBitteBitteBitte ich habe
eine kranke Mutter
AuaAuaAuaAuaAuaAuaAuaAua
BlödBlödBlödBlödBlöd AlleanderensindSchuld
BitteBitteBitteBitteBitteBitteBitteBitteBitte ich habe
eine kranke Mutter
AuaAuaAuaAuaAuaAuaAuaAua
BlödBlödBlödBlödBlöd AlleanderensindSchuld
BitteBitteBitteBitteBitteBitteBitteBitteBitte ich habe
eine kranke Mutter
AuaAuaAuaAuaAuaAuaAuaAua
BlödBlödBlödBlödBlöd AlleanderensindSchuld
BitteBitteBitteBitteBitteBitteBitteBitteBitte ich habe
eine kranke Mutter

AuaAuaAuaAuaAuaAuaAuaAua
BlödBlödBlödBlödBlöd AlleanderensindSchuld
BitteBitteBitteBitteBitteBitteBitteBitteBitte ich habe
eine kranke Mutter
AuaAuaAuaAuaAuaAuaAuaAua
BlödBlödBlödBlödBlöd AlleanderensindSchuld
BitteBitteBitteBitteBitteBitteBitteBitteBitte ich habe
eine kranke Mutter
AuaAuaAuaAuaAuaAuaAuaAua
BlödBlödBlödBlödBlöd AlleanderensindSchuld
BitteBitteBitteBitteBitteBitteBitteBitteBitte ich habe
eine kranke Mutter
AuaAuaAuaAuaAuaAuaAuaAua
BlödBlödBlödBlödBlöd AlleanderensindSchuld
BitteBitteBitteBitteBitteBitteBitteBitteBitte ich habe
eine kranke Mutter
AuaAuaAuaAuaAuaAuaAuaAua
BlödBlödBlödBlödBlöd AlleanderensindSchuld
`BitteBitteBitteBitteBitteBitteBitteBitteBitte ich habe
eine kranke Mutter
AuaAuaAuaAuaAuaAuaAuaAua
BlödBlödBlödBlödBlöd AlleanderensindSchuld
BitteBitteBitteBitteBitteBitteBitteBitteBitte ich habe
eine kranke Mutter
AuaAuaAuaAuaAuaAuaAuaAua
BlödBlödBlödBlödBlöd AlleanderensindSchuld
BitteBitteBitteBitteBitteBitteBitteBitteBitte ich habe
eine kranke Mutter
AuaAuaAuaAuaAuaAuaAuaAua
BlödBlödBlödBlödBlöd AlleanderensindSchuld
BitteBitteBitteBitteBitteBitteBitteBitteBitte ich habe
eine kranke Mutter
AuaAuaAuaAuaAuaAuaAuaAua
BlödBlödBlödBlödBlöd AlleanderensindSchuld

BitteBitteBitteBitteBitteBitteBitteBitteBitte ich habe
eine kranke Mutter
AuaAuaAuaAuaAuaAuaAuaAua
BlödBlödBlödBlödBlöd AlleanderensindSchuld
BitteBitteBitteBitteBitteBitteBitteBitteBitte ich habe
eine kranke Mutter
AuaAuaAuaAuaAuaAuaAuaAua
BlödBlödBlödBlödBlöd AlleanderensindSchuld
BitteBitteBitteBitteBitteBitteBitteBitteBitte ich habe
eine kranke Mutter
AuaAuaAuaAuaAuaAuaAuaAua
BlödBlödBlödBlödBlöd AlleanderensindSchuld
BitteBitteBitteBitteBitteBitteBitteBitteBitte ich habe
eine kranke Mutter
AuaAuaAuaAuaAuaAuaAuaAua
BlödBlödBlödBlödBlöd AlleanderensindSchuld
BitteBitteBitteBitteBitteBitteBitteBitteBitte ich habe
eine kranke Mutter
AuaAuaAuaAuaAuaAuaAuaAua
BlödBlödBlödBlödBlöd AlleanderensindSchuld
BitteBitteBitteBitteBitteBitteBitteBitteBitte ich habe
eine kranke Mutter
AuaAuaAuaAuaAuaAuaAuaAua
BlödBlödBlödBlödBlöd AlleanderensindSchuld
BitteBitteBitteBitteBitteBitteBitteBitteBitte ich habe
eine kranke Mutter
AuaAuaAuaAuaAuaAuaAuaAua
BlödBlödBlödBlödBlöd AlleanderensindSchuld
BitteBitteBitteBitteBitteBitteBitteBitteBitte ich habe
eine kranke Mutter
AuaAuaAuaAuaAuaAuaAuaAua
BlödBlödBlödBlödBlöd AlleanderensindSchuld
BitteBitteBitteBitteBitteBitteBitteBitteBitte ich habe
eine kranke Mutter

AuaAuaAuaAuaAuaAuaAuaAua
BlödBlödBlödBlödBlöd AlleanderensindSchuld
BitteBitteBitteBitteBitteBitteBitteBitteBitte ich habe
eine kranke Mutter
AuaAuaAuaAuaAuaAuaAuaAua
BlödBlödBlödBlödBlöd AlleanderensindSchuld
BitteBitteBitteBitteBitteBitteBitteBitteBitte ich habe
eine kranke Mutter
AuaAuaAuaAuaAuaAuaAuaAua
BlödBlödBlödBlödBlöd AlleanderensindSchuld
BitteBitteBitteBitteBitteBitteBitteBitteBitte ich habe
eine kranke Mutter
AuaAuaAuaAuaAuaAuaAuaAua
BlödBlödBlödBlödBlöd AlleanderensindSchuld
BitteBitteBitteBitteBitteBitteBitteBitteBitte ich habe
eine kranke Mutter
AuaAuaAuaAuaAuaAuaAuaAua
BlödBlödBlödBlödBlöd AlleanderensindSchuld
BitteBitteBitteBitteBitteBitteBitteBitteBitte ich habe
eine kranke Mutter
AuaAuaAuaAuaAuaAuaAuaAua
BlödBlödBlödBlödBlöd AlleanderensindSchuld
BitteBitteBitteBitteBitteBitteBitteBitteBitte ich habe
eine kranke Mutter
AuaAuaAuaAuaAuaAuaAuaAua
BlödBlödBlödBlödBlöd AlleanderensindSchuld
BitteBitteBitteBitteBitteBitteBitteBitteBitte ich habe
eine kranke Mutter
AuaAuaAuaAuaAuaAuaAuaAua
BlödBlödBlödBlödBlöd AlleanderensindSchuld
BitteBitteBitteBitteBitteBitteBitteBitteBitte ich habe
eine kranke Mutter
AuaAuaAuaAuaAuaAuaAuaAua
BlödBlödBlödBlödBlöd AlleanderensindSchuld

BitteBitteBitteBitteBitteBitteBitteBitteBitte ich habe
eine kranke Mutter
AuaAuaAuaAuaAuaAuaAuaAua
BlödBlödBlödBlödBlöd AlleanderensindSchuld
BitteBitteBitteBitteBitteBitteBitteBitteBitte ich habe
eine kranke Mutter
AuaAuaAuaAuaAuaAuaAuaAua
BlödBlödBlödBlödBlöd AlleanderensindSchuld
BitteBitteBitteBitteBitteBitteBitteBitteBitte ich habe
eine kranke Mutter
AuaAuaAuaAuaAuaAuaAuaAua
BlödBlödBlödBlödBlöd AlleanderensindSchuld
BitteBitteBitteBitteBitteBitteBitteBitteBitte ich habe
eine kranke Mutter
AuaAuaAuaAuaAuaAuaAuaAua
BlödBlödBlödBlödBlöd AlleanderensindSchuld
BitteBitteBitteBitteBitteBitteBitteBitteBitte ich habe
eine kranke Mutter
AuaAuaAuaAuaAuaAuaAuaAua
BlödBlödBlödBlödBlöd AlleanderensindSchuld
BitteBitteBitteBitteBitteBitteBitteBitteBitte ich habe
eine kranke Mutter
AuaAuaAuaAuaAuaAuaAuaAua
BlödBlödBlödBlödBlöd AlleanderensindSchuld
BitteBitteBitteBitteBitteBitteBitteBitteBitte ich habe
eine kranke Mutter
AuaAuaAuaAuaAuaAuaAuaAua
BlödBlödBlödBlödBlöd AlleanderensindSchuld
BitteBitteBitteBitteBitteBitteBitteBitteBitte ich habe
eine kranke Mutter
AuaAuaAuaAuaAuaAuaAuaAua
BlödBlödBlödBlödBlöd AlleanderensindSchuld
BitteBitteBitteBitteBitteBitteBitteBitteBitte ich habe
eine kranke Mutter

AuaAuaAuaAuaAuaAuaAuaAua
BlödBlödBlödBlödBlöd AlleanderensindSchuld
BitteBitteBitteBitteBitteBitteBitteBitteBitte ich habe
eine kranke Mutter
AuaAuaAuaAuaAuaAuaAuaAua
BlödBlödBlödBlödBlöd AlleanderensindSchuld
BitteBitteBitteBitteBitteBitteBitteBitteBitte ich habe
eine kranke Mutter
AuaAuaAuaAuaAuaAuaAuaAua
BlödBlödBlödBlödBlöd AlleanderensindSchuld
BitteBitteBitteBitteBitteBitteBitteBitteBitte ich habe
eine kranke Mutter
AuaAuaAuaAuaAuaAuaAuaAua
BlödBlödBlödBlödBlöd AlleanderensindSchuld
BitteBitteBitteBitteBitteBitteBitteBitteBitte ich habe
eine kranke Mutter
AuaAuaAuaAuaAuaAuaAuaAua
BlödBlödBlödBlödBlöd AlleanderensindSchuld
BitteBitteBitteBitteBitteBitteBitteBitteBitte ich habe
eine kranke Mutter
AuaAuaAuaAuaAuaAuaAuaAua
BlödBlödBlödBlödBlöd AlleanderensindSchuld
BitteBitteBitteBitteBitteBitteBitteBitteBitte ich habe
eine kranke Mutter
AuaAuaAuaAuaAuaAuaAuaAua
BlödBlödBlödBlödBlöd AlleanderensindSchuld
BitteBitteBitteBitteBitteBitteBitteBitteBitte ich habe
eine kranke Mutter
AuaAuaAuaAuaAuaAuaAuaAua
BlödBlödBlödBlödBlöd AlleanderensindSchuld
BitteBitteBitteBitteBitteBitteBitteBitteBitte ich habe
eine kranke Mutter
AuaAuaAuaAuaAuaAuaAuaAua
BlödBlödBlödBlödBlöd AlleanderensindSchuld

BitteBitteBitteBitteBitteBitteBitteBitteBitte ich habe
eine kranke Mutter
AuaAuaAuaAuaAuaAuaAuaAua
BlödBlödBlödBlödBlöd AlleanderensindSchuld
BitteBitteBitteBitteBitteBitteBitteBitteBitte ich habe
eine kranke Mutter
AuaAuaAuaAuaAuaAuaAuaAua
BlödBlödBlödBlödBlöd AlleanderensindSchuld
BitteBitteBitteBitteBitteBitteBitteBitteBitte ich habe
eine kranke Mutter
AuaAuaAuaAuaAuaAuaAuaAua
BlödBlödBlödBlödBlöd AlleanderensindSchuld
BitteBitteBitteBitteBitteBitteBitteBitteBitte ich habe
eine kranke Mutter
AuaAuaAuaAuaAuaAuaAuaAua
BlödBlödBlödBlödBlöd AlleanderensindSchuld
BitteBitteBitteBitteBitteBitteBitteBitteBitte ich habe
eine kranke Mutter
AuaAuaAuaAuaAuaAuaAuaAua
BlödBlödBlödBlödBlöd AlleanderensindSchuld
BitteBitteBitteBitteBitteBitteBitteBitteBitte ich habe
eine kranke Mutter
AuaAuaAuaAuaAuaAuaAuaAua
BlödBlödBlödBlödBlöd AlleanderensindSchuld
BitteBitteBitteBitteBitteBitteBitteBitteBitte ich habe
eine kranke Mutter
AuaAuaAuaAuaAuaAuaAuaAua
BlödBlödBlödBlödBlöd AlleanderensindSchuld
BitteBitteBitteBitteBitteBitteBitteBitteBitte ich habe
eine kranke Mutter
AuaAuaAuaAuaAuaAuaAuaAua
BlödBlödBlödBlödBlöd AlleanderensindSchuld
BitteBitteBitteBitteBitteBitteBitteBitteBitte ich habe
eine kranke Mutter

AuaAuaAuaAuaAuaAuaAuaAua
BlödBlödBlödBlödBlöd AlleanderensindSchuld
BitteBitteBitteBitteBitteBitteBitteBitteBitte ich habe
eine kranke Mutter
AuaAuaAuaAuaAuaAuaAuaAua
BlödBlödBlödBlödBlöd AlleanderensindSchuld
BitteBitteBitteBitteBitteBitteBitteBitteBitte ich habe
eine kranke Mutter
AuaAuaAuaAuaAuaAuaAuaAua
BlödBlödBlödBlödBlöd AlleanderensindSchuld
BitteBitteBitteBitteBitteBitteBitteBitteBitte ich habe
eine kranke Mutter
AuaAuaAuaAuaAuaAuaAuaAua
BlödBlödBlödBlödBlöd AlleanderensindSchuld
BitteBitteBitteBitteBitteBitteBitteBitteBitte ich habe
eine kranke Mutter
AuaAuaAuaAuaAuaAuaAuaAua
BlödBlödBlödBlödBlöd AlleanderensindSchuld
BitteBitteBitteBitteBitteBitteBitteBitteBitte ich habe
eine kranke Mutter
AuaAuaAuaAuaAuaAuaAuaAua
BlödBlödBlödBlödBlöd AlleanderensindSchuld
BitteBitteBitteBitteBitteBitteBitteBitteBitte ich habe
eine kranke Mutter
AuaAuaAuaAuaAuaAuaAuaAua
BlödBlödBlödBlödBlöd AlleanderensindSchuld
BitteBitteBitteBitteBitteBitteBitteBitteBitte ich habe
eine kranke Mutter
AuaAuaAuaAuaAuaAuaAuaAua
BlödBlödBlödBlödBlöd AlleanderensindSchuld
BitteBitteBitteBitteBitteBitteBitteBitteBitte ich habe
eine kranke Mutter
AuaAuaAuaAuaAuaAuaAuaAua
BlödBlödBlödBlödBlöd AlleanderensindSchuld

BitteBitteBitteBitteBitteBitteBitteBitteBitte ich habe
eine kranke Mutter
AuaAuaAuaAuaAuaAuaAuaAua
BlödBlödBlödBlödBlöd AlleanderensindSchuld
BitteBitteBitteBitteBitteBitteBitteBitteBitte ich habe
eine kranke Mutter
AuaAuaAuaAuaAuaAuaAuaAua
BlödBlödBlödBlödBlöd AlleanderensindSchuld
BitteBitteBitteBitteBitteBitteBitteBitteBitte ich habe
eine kranke Mutter
AuaAuaAuaAuaAuaAuaAuaAua
BlödBlödBlödBlödBlöd AlleanderensindSchuld
BitteBitteBitteBitteBitteBitteBitteBitteBitte ich habe
eine kranke Mutter
AuaAuaAuaAuaAuaAuaAuaAua
BlödBlödBlödBlödBlöd AlleanderensindSchuld
BitteBitteBitteBitteBitteBitteBitteBitteBitte ich habe
eine kranke Mutter
AuaAuaAuaAuaAuaAuaAuaAua
BlödBlödBlödBlödBlöd AlleanderensindSchuld
BitteBitteBitteBitteBitteBitteBitteBitteBitte ich habe
eine kranke Mutter
AuaAuaAuaAuaAuaAuaAuaAua
BlödBlödBlödBlödBlöd AlleanderensindSchuld
BitteBitteBitteBitteBitteBitteBitteBitteBitte ich habe
eine kranke Mutter
AuaAuaAuaAuaAuaAuaAuaAua
BlödBlödBlödBlödBlöd AlleanderensindSchuld
BitteBitteBitteBitteBitteBitteBitteBitteBitte ich habe
eine kranke Mutter
AuaAuaAuaAuaAuaAuaAuaAua
BlödBlödBlödBlödBlöd AlleanderensindSchuld
BitteBitteBitteBitteBitteBitteBitteBitteBitte ich habe
eine kranke Mutter

AuaAuaAuaAuaAuaAuaAuaAua
BlödBlödBlödBlödBlöd AlleanderensindSchuld
BitteBitteBitteBitteBitteBitteBitteBitteBitte ich habe
eine kranke Mutter
AuaAuaAuaAuaAuaAuaAuaAua
BlödBlödBlödBlödBlöd AlleanderensindSchuld
BitteBitteBitteBitteBitteBitteBitteBitteBitte ich habe
eine kranke Mutter
AuaAuaAuaAuaAuaAuaAuaAua
BlödBlödBlödBlödBlöd AlleanderensindSchuld
BitteBitteBitteBitteBitteBitteBitteBitteBitte ich habe
eine kranke Mutter
AuaAuaAuaAuaAuaAuaAuaAua
BlödBlödBlödBlödBlöd AlleanderensindSchuld
BitteBitteBitteBitteBitteBitteBitteBitteBitte ich habe
eine kranke Mutter
AuaAuaAuaAuaAuaAuaAuaAua
BlödBlödBlödBlödBlöd AlleanderensindSchuld
BitteBitteBitteBitteBitteBitteBitteBitteBitte ich habe
eine kranke Mutter
AuaAuaAuaAuaAuaAuaAuaAua
BlödBlödBlödBlödBlöd AlleanderensindSchuld
BitteBitteBitteBitteBitteBitteBitteBitteBitte ich habe
eine kranke Mutter
AuaAuaAuaAuaAuaAuaAuaAua
BlödBlödBlödBlödBlöd AlleanderensindSchuld
BitteBitteBitteBitteBitteBitteBitteBitteBitte ich habe
eine kranke Mutter
AuaAuaAuaAuaAuaAuaAuaAua
BlödBlödBlödBlödBlöd AlleanderensindSchuld
BitteBitteBitteBitteBitteBitteBitteBitteBitte ich habe
eine kranke Mutter
AuaAuaAuaAuaAuaAuaAuaAua
BlödBlödBlödBlödBlöd AlleanderensindSchuld

BitteBitteBitteBitteBitteBitteBitteBitteBitte ich habe
eine kranke Mutter
AuaAuaAuaAuaAuaAuaAuaAua
BlödBlödBlödBlödBlöd AlleanderensindSchuld
BitteBitteBitteBitteBitteBitteBitteBitteBitte ich habe
eine kranke Mutter
AuaAuaAuaAuaAuaAuaAuaAua
BlödBlödBlödBlödBlöd AlleanderensindSchuld
BitteBitteBitteBitteBitteBitteBitteBitteBitte ich habe
eine kranke Mutter
AuaAuaAuaAuaAuaAuaAuaAua
BlödBlödBlödBlödBlöd AlleanderensindSchuld
BitteBitteBitteBitteBitteBitteBitteBitteBitte ich habe
eine kranke Mutter
AuaAuaAuaAuaAuaAuaAuaAua
BlödBlödBlödBlödBlöd AlleanderensindSchuld
BitteBitteBitteBitteBitteBitteBitteBitteBitte ich habe
eine kranke Mutter
AuaAuaAuaAuaAuaAuaAuaAua
BlödBlödBlödBlödBlöd AlleanderensindSchuld
BitteBitteBitteBitteBitteBitteBitteBitteBitte ich habe
eine kranke Mutter
AuaAuaAuaAuaAuaAuaAuaAua
BlödBlödBlödBlödBlöd AlleanderensindSchuld
BitteBitteBitteBitteBitteBitteBitteBitteBitte ich habe
eine kranke Mutter
AuaAuaAuaAuaAuaAuaAuaAua
BlödBlödBlödBlödBlöd AlleanderensindSchuld
BitteBitteBitteBitteBitteBitteBitteBitteBitte ich habe
eine kranke Mutter
AuaAuaAuaAuaAuaAuaAuaAua
BlödBlödBlödBlödBlöd AlleanderensindSchuld
BitteBitteBitteBitteBitteBitteBitteBitteBitte ich habe
eine kranke Mutter

AuaAuaAuaAuaAuaAuaAuaAua
BlödBlödBlödBlödBlöd AlleanderensindSchuld
BitteBitteBitteBitteBitteBitteBitteBitteBitte ich habe
eine kranke Mutter
AuaAuaAuaAuaAuaAuaAuaAua
BlödBlödBlödBlödBlöd AlleanderensindSchuld
BitteBitteBitteBitteBitteBitteBitteBitteBitte ich habe
eine kranke Mutter
AuaAuaAuaAuaAuaAuaAuaAua
BlödBlödBlödBlödBlöd AlleanderensindSchuld
BitteBitteBitteBitteBitteBitteBitteBitteBitte ich habe
eine kranke Mutter
AuaAuaAuaAuaAuaAuaAuaAua
BlödBlödBlödBlödBlöd AlleanderensindSchuld
BitteBitteBitteBitteBitteBitteBitteBitteBitte ich habe
eine kranke Mutter
AuaAuaAuaAuaAuaAuaAuaAua
BlödBlödBlödBlödBlöd AlleanderensindSchuld
BitteBitteBitteBitteBitteBitteBitteBitteBitte ich habe
eine kranke Mutter
AuaAuaAuaAuaAuaAuaAuaAua
BlödBlödBlödBlödBlöd AlleanderensindSchuld
BitteBitteBitteBitteBitteBitteBitteBitteBitte ich habe
eine kranke Mutter
AuaAuaAuaAuaAuaAuaAuaAua
BlödBlödBlödBlödBlöd AlleanderensindSchuld
BitteBitteBitteBitteBitteBitteBitteBitteBitte ich habe
eine kranke Mutter
AuaAuaAuaAuaAuaAuaAuaAua
BlödBlödBlödBlödBlöd AlleanderensindSchuld
BitteBitteBitteBitteBitteBitteBitteBitteBitte ich habe
eine kranke Mutter
AuaAuaAuaAuaAuaAuaAuaAua
BlödBlödBlödBlödBlöd AlleanderensindSchuld

BitteBitteBitteBitteBitteBitteBitteBitteBitte ich habe
eine kranke Mutter
AuaAuaAuaAuaAuaAuaAuaAua
BlödBlödBlödBlödBlöd AlleanderensindSchuld
BitteBitteBitteBitteBitteBitteBitteBitteBitte ich habe
eine kranke Mutter
AuaAuaAuaAuaAuaAuaAuaAua
BlödBlödBlödBlödBlöd AlleanderensindSchuld
BitteBitteBitteBitteBitteBitteBitteBitteBitte ich habe
eine kranke Mutter
AuaAuaAuaAuaAuaAuaAuaAua
BlödBlödBlödBlödBlöd AlleanderensindSchuld
BitteBitteBitteBitteBitteBitteBitteBitteBitte ich habe
eine kranke Mutter
AuaAuaAuaAuaAuaAuaAuaAua
BlödBlödBlödBlödBlöd AlleanderensindSchuld
BitteBitteBitteBitteBitteBitteBitteBitteBitte ich habe
eine kranke Mutter
AuaAuaAuaAuaAuaAuaAuaAua
BlödBlödBlödBlödBlöd AlleanderensindSchuld
BitteBitteBitteBitteBitteBitteBitteBitteBitte ich habe
eine kranke Mutter
AuaAuaAuaAuaAuaAuaAuaAua
BlödBlödBlödBlödBlöd AlleanderensindSchuld
BitteBitteBitteBitteBitteBitteBitteBitteBitte ich habe
eine kranke Mutter
AuaAuaAuaAuaAuaAuaAuaAua
BlödBlödBlödBlödBlöd AlleanderensindSchuld
BitteBitteBitteBitteBitteBitteBitteBitteBitte ich habe
eine kranke Mutter
AuaAuaAuaAuaAuaAuaAuaAua
BlödBlödBlödBlödBlöd AlleanderensindSchuld
BitteBitteBitteBitteBitteBitteBitteBitteBitte ich habe
eine kranke Mutter

AuaAuaAuaAuaAuaAuaAuaAua
BlödBlödBlödBlödBlöd AlleanderensindSchuld
BitteBitteBitteBitteBitteBitteBitteBitteBitte ich habe
eine kranke Mutter
AuaAuaAuaAuaAuaAuaAuaAua
BlödBlödBlödBlödBlöd AlleanderensindSchuld
BitteBitteBitteBitteBitteBitteBitteBitteBitte ich habe
eine kranke Mutter
AuaAuaAuaAuaAuaAuaAuaAua
BlödBlödBlödBlödBlöd AlleanderensindSchuld
BitteBitteBitteBitteBitteBitteBitteBitteBitte ich habe
eine kranke Mutter
AuaAuaAuaAuaAuaAuaAuaAua
BlödBlödBlödBlödBlöd AlleanderensindSchuld
BitteBitteBitteBitteBitteBitteBitteBitteBitte ich habe
eine kranke Mutter
AuaAuaAuaAuaAuaAuaAuaAua
BlödBlödBlödBlödBlöd AlleanderensindSchuld
BitteBitteBitteBitteBitteBitteBitteBitteBitte ich habe
eine kranke Mutter
AuaAuaAuaAuaAuaAuaAuaAua
BlödBlödBlödBlödBlöd AlleanderensindSchuld
BitteBitteBitteBitteBitteBitteBitteBitteBitte ich habe
eine kranke Mutter
AuaAuaAuaAuaAuaAuaAuaAua
BlödBlödBlödBlödBlöd AlleanderensindSchuld
BitteBitteBitteBitteBitteBitteBitteBitteBitte ich habe
eine kranke Mutter
AuaAuaAuaAuaAuaAuaAuaAua
BlödBlödBlödBlödBlöd AlleanderensindSchuld
BitteBitteBitteBitteBitteBitteBitteBitteBitte ich habe
eine kranke Mutter
AuaAuaAuaAuaAuaAuaAuaAua
BlödBlödBlödBlödBlöd AlleanderensindSchuld

BitteBitteBitteBitteBitteBitteBitteBitteBitte ich habe
eine kranke Mutter
AuaAuaAuaAuaAuaAuaAuaAua
BlödBlödBlödBlödBlöd AlleanderensindSchuld
BitteBitteBitteBitteBitteBitteBitteBitteBitte ich habe
eine kranke Mutter
AuaAuaAuaAuaAuaAuaAuaAua
BlödBlödBlödBlödBlöd AlleanderensindSchuld
BitteBitteBitteBitteBitteBitteBitteBitteBitte ich habe
eine kranke Mutter
AuaAuaAuaAuaAuaAuaAuaAua
BlödBlödBlödBlödBlöd AlleanderensindSchuld
BitteBitteBitteBitteBitteBitteBitteBitteBitte ich habe
eine kranke Mutter
AuaAuaAuaAuaAuaAuaAuaAua
BlödBlödBlödBlödBlöd AlleanderensindSchuld
BitteBitteBitteBitteBitteBitteBitteBitteBitte ich habe
eine kranke Mutter
AuaAuaAuaAuaAuaAuaAuaAua
BlödBlödBlödBlödBlöd AlleanderensindSchuld
BitteBitteBitteBitteBitteBitteBitteBitteBitte ich habe
eine kranke Mutter
AuaAuaAuaAuaAuaAuaAuaAua
BlödBlödBlödBlödBlöd AlleanderensindSchuld
BitteBitteBitteBitteBitteBitteBitteBitteBitte ich habe
eine kranke Mutter
AuaAuaAuaAuaAuaAuaAuaAua
BlödBlödBlödBlödBlöd AlleanderensindSchuld
BitteBitteBitteBitteBitteBitteBitteBitteBitte ich habe
eine kranke Mutter
AuaAuaAuaAuaAuaAuaAuaAua
BlödBlödBlödBlödBlöd AlleanderensindSchuld
BitteBitteBitteBitteBitteBitteBitteBitteBitte ich habe
eine kranke Mutter

AuaAuaAuaAuaAuaAuaAuaAua
BlödBlödBlödBlödBlöd AlleanderensindSchuld
BitteBitteBitteBitteBitteBitteBitteBitteBitte ich habe
eine kranke Mutter
AuaAuaAuaAuaAuaAuaAuaAua
BlödBlödBlödBlödBlöd AlleanderensindSchuld
BitteBitteBitteBitteBitteBitteBitteBitteBitte ich habe
eine kranke Mutter
AuaAuaAuaAuaAuaAuaAuaAua
BlödBlödBlödBlödBlöd AlleanderensindSchuld
BitteBitteBitteBitteBitteBitteBitteBitteBitte ich habe
eine kranke Mutter
AuaAuaAuaAuaAuaAuaAuaAua
BlödBlödBlödBlödBlöd AlleanderensindSchuld
BitteBitteBitteBitteBitteBitteBitteBitteBitte ich habe
eine kranke Mutter
AuaAuaAuaAuaAuaAuaAuaAua
BlödBlödBlödBlödBlöd AlleanderensindSchuld
BitteBitteBitteBitteBitteBitteBitteBitteBitte ich habe
eine kranke Mutter
AuaAuaAuaAuaAuaAuaAuaAua
BlödBlödBlödBlödBlöd AlleanderensindSchuld
BitteBitteBitteBitteBitteBitteBitteBitteBitte ich habe
eine kranke Mutter
AuaAuaAuaAuaAuaAuaAuaAua
BlödBlödBlödBlödBlöd AlleanderensindSchuld
BitteBitteBitteBitteBitteBitteBitteBitteBitte ich habe
eine kranke Mutter
AuaAuaAuaAuaAuaAuaAuaAua
BlödBlödBlödBlödBlöd AlleanderensindSchuld
BitteBitteBitteBitteBitteBitteBitteBitteBitte ich habe
eine kranke Mutter
AuaAuaAuaAuaAuaAuaAuaAua
BlödBlödBlödBlödBlöd AlleanderensindSchuld

BitteBitteBitteBitteBitteBitteBitteBitteBitte ich habe
eine kranke Mutter
AuaAuaAuaAuaAuaAuaAuaAua
BlödBlödBlödBlödBlöd AlleanderensindSchuld
BitteBitteBitteBitteBitteBitteBitteBitteBitte ich habe
eine kranke Mutter
AuaAuaAuaAuaAuaAuaAuaAua
BlödBlödBlödBlödBlöd AlleanderensindSchuld
BitteBitteBitteBitteBitteBitteBitteBitteBitte ich habe
eine kranke Mutter
AuaAuaAuaAuaAuaAuaAuaAua
BlödBlödBlödBlödBlöd AlleanderensindSchuld
BitteBitteBitteBitteBitteBitteBitteBitteBitte ich habe
eine kranke Mutter
AuaAuaAuaAuaAuaAuaAuaAua
BlödBlödBlödBlödBlöd AlleanderensindSchuld
BitteBitteBitteBitteBitteBitteBitteBitteBitte ich habe
eine kranke Mutter
AuaAuaAuaAuaAuaAuaAuaAua
BlödBlödBlödBlödBlöd AlleanderensindSchuld
BitteBitteBitteBitteBitteBitteBitteBitteBitte ich habe
eine kranke Mutter
AuaAuaAuaAuaAuaAuaAuaAua
BlödBlödBlödBlödBlöd AlleanderensindSchuld
BitteBitteBitteBitteBitteBitteBitteBitteBitte ich habe
eine kranke Mutter
AuaAuaAuaAuaAuaAuaAuaAua
BlödBlödBlödBlödBlöd AlleanderensindSchuld
BitteBitteBitteBitteBitteBitteBitteBitteBitte ich habe
eine kranke Mutter
AuaAuaAuaAuaAuaAuaAuaAua
BlödBlödBlödBlödBlöd AlleanderensindSchuld
BitteBitteBitteBitteBitteBitteBitteBitteBitte ich habe
eine kranke Mutter

AuaAuaAuaAuaAuaAuaAuaAua
BlödBlödBlödBlödBlöd AlleanderensindSchuld
BitteBitteBitteBitteBitteBitteBitteBitteBitte ich habe
eine kranke Mutter
AuaAuaAuaAuaAuaAuaAuaAua
BlödBlödBlödBlödBlöd AlleanderensindSchuld
BitteBitteBitteBitteBitteBitteBitteBitteBitte ich habe
eine kranke Mutter
AuaAuaAuaAuaAuaAuaAuaAua
BlödBlödBlödBlödBlöd AlleanderensindSchuld
BitteBitteBitteBitteBitteBitteBitteBitteBitte ich habe
eine kranke Mutter
AuaAuaAuaAuaAuaAuaAuaAua
BlödBlödBlödBlödBlöd AlleanderensindSchuld
BitteBitteBitteBitteBitteBitteBitteBitteBitte ich habe
eine kranke Mutter
AuaAuaAuaAuaAuaAuaAuaAua
BlödBlödBlödBlödBlöd AlleanderensindSchuld
BitteBitteBitteBitteBitteBitteBitteBitteBitte ich habe
eine kranke Mutter
AuaAuaAuaAuaAuaAuaAuaAua
BlödBlödBlödBlödBlöd AlleanderensindSchuld
BitteBitteBitteBitteBitteBitteBitteBitteBitte ich habe
eine kranke Mutter
AuaAuaAuaAuaAuaAuaAuaAua
BlödBlödBlödBlödBlöd AlleanderensindSchuld
BitteBitteBitteBitteBitteBitteBitteBitteBitte ich habe
eine kranke Mutter
AuaAuaAuaAuaAuaAuaAuaAua
BlödBlödBlödBlödBlöd AlleanderensindSchuld
BitteBitteBitteBitteBitteBitteBitteBitteBitte ich habe
eine kranke Mutter
AuaAuaAuaAuaAuaAuaAuaAua
BlödBlödBlödBlödBlöd AlleanderensindSchuld

BitteBitteBitteBitteBitteBitteBitteBitteBitte ich habe
eine kranke Mutter
AuaAuaAuaAuaAuaAuaAuaAua
BlödBlödBlödBlödBlöd AlleanderensindSchuld
BitteBitteBitteBitteBitteBitteBitteBitteBitte ich habe
eine kranke Mutter
AuaAuaAuaAuaAuaAuaAuaAua
BlödBlödBlödBlödBlöd AlleanderensindSchuld
BitteBitteBitteBitteBitteBitteBitteBitteBitte ich habe
eine kranke Mutter
AuaAuaAuaAuaAuaAuaAuaAua
BlödBlödBlödBlödBlöd AlleanderensindSchuld
BitteBitteBitteBitteBitteBitteBitteBitteBitte ich habe
eine kranke Mutter
AuaAuaAuaAuaAuaAuaAuaAua
BlödBlödBlödBlödBlöd AlleanderensindSchuld
BitteBitteBitteBitteBitteBitteBitteBitteBitte ich habe
eine kranke Mutter
AuaAuaAuaAuaAuaAuaAuaAua
BlödBlödBlödBlödBlöd AlleanderensindSchuld
BitteBitteBitteBitteBitteBitteBitteBitteBitte ich habe
eine kranke Mutter
AuaAuaAuaAuaAuaAuaAuaAua
BlödBlödBlödBlödBlöd AlleanderensindSchuld
BitteBitteBitteBitteBitteBitteBitteBitteBitte ich habe
eine kranke Mutter
AuaAuaAuaAuaAuaAuaAuaAua
BlödBlödBlödBlödBlöd AlleanderensindSchuld
BitteBitteBitteBitteBitteBitteBitteBitteBitte ich habe
eine kranke Mutter
AuaAuaAuaAuaAuaAuaAuaAua
BlödBlödBlödBlödBlöd AlleanderensindSchuld
BitteBitteBitteBitteBitteBitteBitteBitteBitte ich habe
eine kranke Mutter

AuaAuaAuaAuaAuaAuaAuaAua
BlödBlödBlödBlödBlöd AlleanderensindSchuld
BitteBitteBitteBitteBitteBitteBitteBitteBitte ich habe
eine kranke Mutter
AuaAuaAuaAuaAuaAuaAuaAua
BlödBlödBlödBlödBlöd AlleanderensindSchuld
BitteBitteBitteBitteBitteBitteBitteBitteBitte ich habe
eine kranke Mutter
AuaAuaAuaAuaAuaAuaAuaAua
BlödBlödBlödBlödBlöd AlleanderensindSchuld
BitteBitteBitteBitteBitteBitteBitteBitteBitte ich habe
eine kranke Mutter
AuaAuaAuaAuaAuaAuaAuaAua
BlödBlödBlödBlödBlöd AlleanderensindSchuld
BitteBitteBitteBitteBitteBitteBitteBitteBitte ich habe
eine kranke Mutter
AuaAuaAuaAuaAuaAuaAuaAua
BlödBlödBlödBlödBlöd AlleanderensindSchuld
BitteBitteBitteBitteBitteBitteBitteBitteBitte ich habe
eine kranke Mutter
AuaAuaAuaAuaAuaAuaAuaAua
BlödBlödBlödBlödBlöd AlleanderensindSchuld
BitteBitteBitteBitteBitteBitteBitteBitteBitte ich habe
eine kranke Mutter
AuaAuaAuaAuaAuaAuaAuaAua
BlödBlödBlödBlödBlöd AlleanderensindSchuld
BitteBitteBitteBitteBitteBitteBitteBitteBitte ich habe
eine kranke Mutter
AuaAuaAuaAuaAuaAuaAuaAua
BlödBlödBlödBlödBlöd AlleanderensindSchuld
BitteBitteBitteBitteBitteBitteBitteBitteBitte ich habe
eine kranke Mutter
AuaAuaAuaAuaAuaAuaAuaAua
BlödBlödBlödBlödBlöd AlleanderensindSchuld

BitteBitteBitteBitteBitteBitteBitteBitteBitte ich habe
eine kranke Mutter
AuaAuaAuaAuaAuaAuaAuaAua
BlödBlödBlödBlödBlöd AlleanderensindSchuld
BitteBitteBitteBitteBitteBitteBitteBitteBitte ich habe
eine kranke Mutter
AuaAuaAuaAuaAuaAuaAuaAua
BlödBlödBlödBlödBlöd AlleanderensindSchuld
BitteBitteBitteBitteBitteBitteBitteBitteBitte ich habe
eine kranke Mutter
AuaAuaAuaAuaAuaAuaAuaAua
BlödBlödBlödBlödBlöd AlleanderensindSchuld
BitteBitteBitteBitteBitteBitteBitteBitteBitte ich habe
eine kranke Mutter
AuaAuaAuaAuaAuaAuaAuaAua
BlödBlödBlödBlödBlöd AlleanderensindSchuld
BitteBitteBitteBitteBitteBitteBitteBitteBitte ich habe
eine kranke Mutter
AuaAuaAuaAuaAuaAuaAuaAua
BlödBlödBlödBlödBlöd AlleanderensindSchuld
BitteBitteBitteBitteBitteBitteBitteBitteBitte ich habe
eine kranke Mutter
AuaAuaAuaAuaAuaAuaAuaAua
BlödBlödBlödBlödBlöd AlleanderensindSchuld
BitteBitteBitteBitteBitteBitteBitteBitteBitte ich habe
eine kranke Mutter
AuaAuaAuaAuaAuaAuaAuaAua
BlödBlödBlödBlödBlöd AlleanderensindSchuld
BitteBitteBitteBitteBitteBitteBitteBitteBitte ich habe
eine kranke Mutter
AuaAuaAuaAuaAuaAuaAuaAua
BlödBlödBlödBlödBlöd AlleanderensindSchuld
BitteBitteBitteBitteBitteBitteBitteBitteBitte ich habe
eine kranke Mutter

AuaAuaAuaAuaAuaAuaAuaAua
BlödBlödBlödBlödBlöd AlleanderensindSchuld
BitteBitteBitteBitteBitteBitteBitteBitteBitte ich habe
eine kranke Mutter
AuaAuaAuaAuaAuaAuaAuaAua
BlödBlödBlödBlödBlöd AlleanderensindSchuld
BitteBitteBitteBitteBitteBitteBitteBitteBitte ich habe
eine kranke Mutter
AuaAuaAuaAuaAuaAuaAuaAua
BlödBlödBlödBlödBlöd AlleanderensindSchuld
BitteBitteBitteBitteBitteBitteBitteBitteBitte ich habe
eine kranke Mutter
AuaAuaAuaAuaAuaAuaAuaAua
BlödBlödBlödBlödBlöd AlleanderensindSchuld
BitteBitteBitteBitteBitteBitteBitteBitteBitte ich habe
eine kranke Mutter
AuaAuaAuaAuaAuaAuaAuaAua
BlödBlödBlödBlödBlöd AlleanderensindSchuld
BitteBitteBitteBitteBitteBitteBitteBitteBitte ich habe
eine kranke Mutter
AuaAuaAuaAuaAuaAuaAuaAua
BlödBlödBlödBlödBlöd AlleanderensindSchuld
BitteBitteBitteBitteBitteBitteBitteBitteBitte ich habe
eine kranke Mutter
AuaAuaAuaAuaAuaAuaAuaAua
BlödBlödBlödBlödBlöd AlleanderensindSchuld
BitteBitteBitteBitteBitteBitteBitteBitteBitte ich habe
eine kranke Mutter
AuaAuaAuaAuaAuaAuaAuaAua
BlödBlödBlödBlödBlöd AlleanderensindSchuld
BitteBitteBitteBitteBitteBitteBitteBitteBitte ich habe
eine kranke Mutter
AuaAuaAuaAuaAuaAuaAuaAua
BlödBlödBlödBlödBlöd AlleanderensindSchuld

BitteBitteBitteBitteBitteBitteBitteBitteBitte ich habe
eine kranke Mutter
AuaAuaAuaAuaAuaAuaAuaAua
BlödBlödBlödBlödBlöd AlleanderensindSchuld
BitteBitteBitteBitteBitteBitteBitteBitteBitte ich habe
eine kranke Mutter
AuaAuaAuaAuaAuaAuaAuaAua
BlödBlödBlödBlödBlöd AlleanderensindSchuld
BitteBitteBitteBitteBitteBitteBitteBitteBitte ich habe
eine kranke Mutter
AuaAuaAuaAuaAuaAuaAuaAua
BlödBlödBlödBlödBlöd AlleanderensindSchuld
BitteBitteBitteBitteBitteBitteBitteBitteBitte ich habe
eine kranke Mutter
AuaAuaAuaAuaAuaAuaAuaAua
BlödBlödBlödBlödBlöd AlleanderensindSchuld
BitteBitteBitteBitteBitteBitteBitteBitteBitte ich habe
eine kranke Mutter
AuaAuaAuaAuaAuaAuaAuaAua
BlödBlödBlödBlödBlöd AlleanderensindSchuld
BitteBitteBitteBitteBitteBitteBitteBitteBitte ich habe
eine kranke Mutter
AuaAuaAuaAuaAuaAuaAuaAua
BlödBlödBlödBlödBlöd AlleanderensindSchuld
BitteBitteBitteBitteBitteBitteBitteBitteBitte ich habe
eine kranke Mutter
AuaAuaAuaAuaAuaAuaAuaAua
BlödBlödBlödBlödBlöd AlleanderensindSchuld
BitteBitteBitteBitteBitteBitteBitteBitteBitte ich habe
eine kranke Mutter

AuaAuaAuaAuaAuaAuaAuaAua
BlödBlödBlödBlödBlöd AlleanderensindSchuld
BitteBitteBitteBitteBitteBitteBitteBitteBitte ich habe
eine kranke Mutter
AuaAuaAuaAuaAuaAuaAuaAua
BlödBlödBlödBlödBlöd AlleanderensindSchuld
BitteBitteBitteBitteBitteBitteBitteBitteBitte ich habe
eine kranke Mutter
AuaAuaAuaAuaAuaAuaAuaAua
BlödBlödBlödBlödBlöd AlleanderensindSchuld
BitteBitteBitteBitteBitteBitteBitteBitteBitte ich habe
eine kranke Mutter
AuaAuaAuaAuaAuaAuaAuaAua
BlödBlödBlödBlödBlöd AlleanderensindSchuld
BitteBitteBitteBitteBitteBitteBitteBitteBitte ich habe
eine kranke Mutter
AuaAuaAuaAuaAuaAuaAuaAua
BlödBlödBlödBlödBlöd AlleanderensindSchuld
BitteBitteBitteBitteBitteBitteBitteBitteBitte ich habe
eine kranke Mutter
AuaAuaAuaAuaAuaAuaAuaAua
BlödBlödBlödBlödBlöd AlleanderensindSchuld
BitteBitteBitteBitteBitteBitteBitteBitteBitte ich habe
eine kranke Mutter
AuaAuaAuaAuaAuaAuaAuaAua
BlödBlödBlödBlödBlöd AlleanderensindSchuld
BitteBitteBitteBitteBitteBitteBitteBitteBitte ich habe
eine kranke Mutter
AuaAuaAuaAuaAuaAuaAuaAua
BlödBlödBlödBlödBlöd AlleanderensindSchuld
BitteBitteBitteBitteBitteBitteBitteBitteBitte ich habe
eine kranke Mutter
AuaAuaAuaAuaAuaAuaAuaAua
BlödBlödBlödBlödBlöd AlleanderensindSchuld

BitteBitteBitteBitteBitteBitteBitteBitteBitte ich habe
eine kranke Mutter
AuaAuaAuaAuaAuaAuaAuaAua
BlödBlödBlödBlödBlöd AlleanderensindSchuld
BitteBitteBitteBitteBitteBitteBitteBitteBitte ich habe
eine kranke Mutter
AuaAuaAuaAuaAuaAuaAuaAua
BlödBlödBlödBlödBlöd AlleanderensindSchuld
BitteBitteBitteBitteBitteBitteBitteBitteBitte ich habe
eine kranke Mutter
AuaAuaAuaAuaAuaAuaAuaAua
BlödBlödBlödBlödBlöd AlleanderensindSchuld
BitteBitteBitteBitteBitteBitteBitteBitteBitte ich habe
eine kranke Mutter
AuaAuaAuaAuaAuaAuaAuaAua
BlödBlödBlödBlödBlöd AlleanderensindSchuld
BitteBitteBitteBitteBitteBitteBitteBitteBitte ich habe
eine kranke Mutter
AuaAuaAuaAuaAuaAuaAuaAua
BlödBlödBlödBlödBlöd AlleanderensindSchuld
BitteBitteBitteBitteBitteBitteBitteBitteBitte ich habe
eine kranke Mutter
AuaAuaAuaAuaAuaAuaAuaAua
BlödBlödBlödBlödBlöd AlleanderensindSchuld
BitteBitteBitteBitteBitteBitteBitteBitteBitte ich habe
eine kranke Mutter
AuaAuaAuaAuaAuaAuaAuaAua
BlödBlödBlödBlödBlöd AlleanderensindSchuld
BitteBitteBitteBitteBitteBitteBitteBitteBitte ich habe
eine kranke Mutter
AuaAuaAuaAuaAuaAuaAuaAua
BlödBlödBlödBlödBlöd AlleanderensindSchuld
BitteBitteBitteBitteBitteBitteBitteBitteBitte ich habe
eine kranke Mutter

AuaAuaAuaAuaAuaAuaAuaAua
BlödBlödBlödBlödBlöd AlleanderensindSchuld
BitteBitteBitteBitteBitteBitteBitteBitteBitte ich habe
eine kranke Mutter
AuaAuaAuaAuaAuaAuaAuaAua
BlödBlödBlödBlödBlöd AlleanderensindSchuld
BitteBitteBitteBitteBitteBitteBitteBitteBitte ich habe
eine kranke Mutter
AuaAuaAuaAuaAuaAuaAuaAua
BlödBlödBlödBlödBlöd AlleanderensindSchuld
BitteBitteBitteBitteBitteBitteBitteBitteBitte ich habe
eine kranke Mutter
AuaAuaAuaAuaAuaAuaAuaAua
BlödBlödBlödBlödBlöd AlleanderensindSchuld
BitteBitteBitteBitteBitteBitteBitteBitteBitte ich habe
eine kranke Mutter
AuaAuaAuaAuaAuaAuaAuaAua
BlödBlödBlödBlödBlöd AlleanderensindSchuld
BitteBitteBitteBitteBitteBitteBitteBitteBitte ich habe
eine kranke Mutter
AuaAuaAuaAuaAuaAuaAuaAua
BlödBlödBlödBlödBlöd AlleanderensindSchuld
BitteBitteBitteBitteBitteBitteBitteBitteBitte ich habe
eine kranke Mutter
AuaAuaAuaAuaAuaAuaAuaAua
BlödBlödBlödBlödBlöd AlleanderensindSchuld
BitteBitteBitteBitteBitteBitteBitteBitteBitte ich habe
eine kranke Mutter
AuaAuaAuaAuaAuaAuaAuaAua
BlödBlödBlödBlödBlöd AlleanderensindSchuld
BitteBitteBitteBitteBitteBitteBitteBitteBitte ich habe
eine kranke Mutter
AuaAuaAuaAuaAuaAuaAuaAua
BlödBlödBlödBlödBlöd AlleanderensindSchuld

BitteBitteBitteBitteBitteBitteBitteBitteBitte ich habe
eine kranke Mutter
AuaAuaAuaAuaAuaAuaAuaAua
BlödBlödBlödBlödBlöd AlleanderensindSchuld
BitteBitteBitteBitteBitteBitteBitteBitteBitte ich habe
eine kranke Mutter
AuaAuaAuaAuaAuaAuaAuaAua
BlödBlödBlödBlödBlöd AlleanderensindSchuld
BitteBitteBitteBitteBitteBitteBitteBitteBitte ich habe
eine kranke Mutter
AuaAuaAuaAuaAuaAuaAuaAua
BlödBlödBlödBlödBlöd AlleanderensindSchuld
BitteBitteBitteBitteBitteBitteBitteBitteBitte ich habe
eine kranke Mutter
AuaAuaAuaAuaAuaAuaAuaAua
BlödBlödBlödBlödBlöd AlleanderensindSchuld
BitteBitteBitteBitteBitteBitteBitteBitteBitte ich habe
eine kranke Mutter
AuaAuaAuaAuaAuaAuaAuaAua
BlödBlödBlödBlödBlöd AlleanderensindSchuld
BitteBitteBitteBitteBitteBitteBitteBitteBitte ich habe
eine kranke Mutter
AuaAuaAuaAuaAuaAuaAuaAua
BlödBlödBlödBlödBlöd AlleanderensindSchuld
BitteBitteBitteBitteBitteBitteBitteBitteBitte ich habe
eine kranke Mutter
AuaAuaAuaAuaAuaAuaAuaAua
BlödBlödBlödBlödBlöd AlleanderensindSchuld
BitteBitteBitteBitteBitteBitteBitteBitteBitte ich habe
eine kranke Mutter
AuaAuaAuaAuaAuaAuaAuaAua
BlödBlödBlödBlödBlöd AlleanderensindSchuld
BitteBitteBitteBitteBitteBitteBitteBitteBitte ich habe
eine kranke Mutter

AuaAuaAuaAuaAuaAuaAuaAua
BlödBlödBlödBlödBlöd AlleanderensindSchuld
BitteBitteBitteBitteBitteBitteBitteBitteBitte ich habe
eine kranke Mutter
AuaAuaAuaAuaAuaAuaAuaAua
BlödBlödBlödBlödBlöd AlleanderensindSchuld
BitteBitteBitteBitteBitteBitteBitteBitteBitte ich habe
eine kranke Mutter
AuaAuaAuaAuaAuaAuaAuaAua
BlödBlödBlödBlödBlöd AlleanderensindSchuld
BitteBitteBitteBitteBitteBitteBitteBitteBitte ich habe
eine kranke Mutter
AuaAuaAuaAuaAuaAuaAuaAua
BlödBlödBlödBlödBlöd AlleanderensindSchuld
BitteBitteBitteBitteBitteBitteBitteBitteBitte ich habe
eine kranke Mutter
AuaAuaAuaAuaAuaAuaAuaAua
BlödBlödBlödBlödBlöd AlleanderensindSchuld
BitteBitteBitteBitteBitteBitteBitteBitteBitte ich habe
eine kranke Mutter
AuaAuaAuaAuaAuaAuaAuaAua
BlödBlödBlödBlödBlöd AlleanderensindSchuld
BitteBitteBitteBitteBitteBitteBitteBitteBitte ich habe
eine kranke Mutter
AuaAuaAuaAuaAuaAuaAuaAua
BlödBlödBlödBlödBlöd AlleanderensindSchuld
BitteBitteBitteBitteBitteBitteBitteBitteBitte ich habe
eine kranke Mutter
AuaAuaAuaAuaAuaAuaAuaAua
BlödBlödBlödBlödBlöd AlleanderensindSchuld
BitteBitteBitteBitteBitteBitteBitteBitteBitte ich habe
eine kranke Mutter
AuaAuaAuaAuaAuaAuaAuaAua
BlödBlödBlödBlödBlöd AlleanderensindSchuld

BitteBitteBitteBitteBitteBitteBitteBitteBitte ich habe
eine kranke Mutter
AuaAuaAuaAuaAuaAuaAuaAua
BlödBlödBlödBlödBlöd AlleanderensindSchuld
BitteBitteBitteBitteBitteBitteBitteBitteBitte ich habe
eine kranke Mutter
AuaAuaAuaAuaAuaAuaAuaAua
BlödBlödBlödBlödBlöd AlleanderensindSchuld
BitteBitteBitteBitteBitteBitteBitteBitteBitte ich habe
eine kranke Mutter
AuaAuaAuaAuaAuaAuaAuaAua
BlödBlödBlödBlödBlöd AlleanderensindSchuld
BitteBitteBitteBitteBitteBitteBitteBitteBitte ich habe
eine kranke Mutter
AuaAuaAuaAuaAuaAuaAuaAua
BlödBlödBlödBlödBlöd AlleanderensindSchuld
BitteBitteBitteBitteBitteBitteBitteBitteBitte ich habe
eine kranke Mutter
AuaAuaAuaAuaAuaAuaAuaAua
BlödBlödBlödBlödBlöd AlleanderensindSchuld
BitteBitteBitteBitteBitteBitteBitteBitteBitte ich habe
eine kranke Mutter
AuaAuaAuaAuaAuaAuaAuaAua
BlödBlödBlödBlödBlöd AlleanderensindSchuld
BitteBitteBitteBitteBitteBitteBitteBitteBitte ich habe
eine kranke Mutter
AuaAuaAuaAuaAuaAuaAuaAua
BlödBlödBlödBlödBlöd AlleanderensindSchuld
BitteBitteBitteBitteBitteBitteBitteBitteBitte ich habe
eine kranke Mutter
AuaAuaAuaAuaAuaAuaAuaAua
BlödBlödBlödBlödBlöd AlleanderensindSchuld
BitteBitteBitteBitteBitteBitteBitteBitteBitte ich habe
eine kranke Mutter

AuaAuaAuaAuaAuaAuaAuaAua
BlödBlödBlödBlödBlöd AlleanderensindSchuld
BitteBitteBitteBitteBitteBitteBitteBitteBitte ich habe
eine kranke Mutter
AuaAuaAuaAuaAuaAuaAuaAua
BlödBlödBlödBlödBlöd AlleanderensindSchuld
BitteBitteBitteBitteBitteBitteBitteBitteBitte ich habe
eine kranke Mutter
AuaAuaAuaAuaAuaAuaAuaAua
BlödBlödBlödBlödBlöd AlleanderensindSchuld
BitteBitteBitteBitteBitteBitteBitteBitteBitte ich habe
eine kranke Mutter
AuaAuaAuaAuaAuaAuaAuaAua
BlödBlödBlödBlödBlöd AlleanderensindSchuld
BitteBitteBitteBitteBitteBitteBitteBitteBitte ich habe
eine kranke Mutter
AuaAuaAuaAuaAuaAuaAuaAua
BlödBlödBlödBlödBlöd AlleanderensindSchuld
BitteBitteBitteBitteBitteBitteBitteBitteBitte ich habe
eine kranke Mutter
AuaAuaAuaAuaAuaAuaAuaAua
BlödBlödBlödBlödBlöd AlleanderensindSchuld
BitteBitteBitteBitteBitteBitteBitteBitteBitte ich habe
eine kranke Mutter
AuaAuaAuaAuaAuaAuaAuaAua
BlödBlödBlödBlödBlöd AlleanderensindSchuld
BitteBitteBitteBitteBitteBitteBitteBitteBitte ich habe
eine kranke Mutter
AuaAuaAuaAuaAuaAuaAuaAua
BlödBlödBlödBlödBlöd AlleanderensindSchuld
BitteBitteBitteBitteBitteBitteBitteBitteBitte ich habe
eine kranke Mutter
AuaAuaAuaAuaAuaAuaAuaAua
BlödBlödBlödBlödBlöd AlleanderensindSchuld

BitteBitteBitteBitteBitteBitteBitteBitteBitte ich habe
eine kranke Mutter
AuaAuaAuaAuaAuaAuaAuaAua
BlödBlödBlödBlödBlöd AlleanderensindSchuld
BitteBitteBitteBitteBitteBitteBitteBitteBitte ich habe
eine kranke Mutter
AuaAuaAuaAuaAuaAuaAuaAua
BlödBlödBlödBlödBlöd AlleanderensindSchuld
BitteBitteBitteBitteBitteBitteBitteBitteBitte ich habe
eine kranke Mutter
AuaAuaAuaAuaAuaAuaAuaAua
BlödBlödBlödBlödBlöd AlleanderensindSchuld
BitteBitteBitteBitteBitteBitteBitteBitteBitte ich habe
eine kranke Mutter
AuaAuaAuaAuaAuaAuaAuaAua
BlödBlödBlödBlödBlöd AlleanderensindSchuld
BitteBitteBitteBitteBitteBitteBitteBitteBitte ich habe
eine kranke Mutter
AuaAuaAuaAuaAuaAuaAuaAua
BlödBlödBlödBlödBlöd AlleanderensindSchuld
BitteBitteBitteBitteBitteBitteBitteBitteBitte ich habe
eine kranke Mutter
AuaAuaAuaAuaAuaAuaAuaAua
BlödBlödBlödBlödBlöd AlleanderensindSchuld
BitteBitteBitteBitteBitteBitteBitteBitteBitte ich habe
eine kranke Mutter
AuaAuaAuaAuaAuaAuaAuaAua
BlödBlödBlödBlödBlöd AlleanderensindSchuld
BitteBitteBitteBitteBitteBitteBitteBitteBitte ich habe
eine kranke Mutter
AuaAuaAuaAuaAuaAuaAuaAua
BlödBlödBlödBlödBlöd AlleanderensindSchuld
BitteBitteBitteBitteBitteBitteBitteBitteBitte ich habe
eine kranke Mutter

AuaAuaAuaAuaAuaAuaAuaAua
BlödBlödBlödBlödBlöd AlleanderensindSchuld
BitteBitteBitteBitteBitteBitteBitteBitteBitte ich habe
eine kranke Mutter
AuaAuaAuaAuaAuaAuaAuaAua
BlödBlödBlödBlödBlöd AlleanderensindSchuld
BitteBitteBitteBitteBitteBitteBitteBitteBitte ich habe
eine kranke Mutter
AuaAuaAuaAuaAuaAuaAuaAua
BlödBlödBlödBlödBlöd AlleanderensindSchuld
BitteBitteBitteBitteBitteBitteBitteBitteBitte ich habe
eine kranke Mutter
AuaAuaAuaAuaAuaAuaAuaAua
BlödBlödBlödBlödBlöd AlleanderensindSchuld
BitteBitteBitteBitteBitteBitteBitteBitteBitte ich habe
eine kranke Mutter
AuaAuaAuaAuaAuaAuaAuaAua
BlödBlödBlödBlödBlöd AlleanderensindSchuld
BitteBitteBitteBitteBitteBitteBitteBitteBitte ich habe
eine kranke Mutter
AuaAuaAuaAuaAuaAuaAuaAua
BlödBlödBlödBlödBlöd AlleanderensindSchuld
BitteBitteBitteBitteBitteBitteBitteBitteBitte ich habe
eine kranke Mutter
AuaAuaAuaAuaAuaAuaAuaAua
BlödBlödBlödBlödBlöd AlleanderensindSchuld
BitteBitteBitteBitteBitteBitteBitteBitteBitte ich habe
eine kranke Mutter
AuaAuaAuaAuaAuaAuaAuaAua
BlödBlödBlödBlödBlöd AlleanderensindSchuld
BitteBitteBitteBitteBitteBitteBitteBitteBitte ich habe
eine kranke Mutter
AuaAuaAuaAuaAuaAuaAuaAua
BlödBlödBlödBlödBlöd AlleanderensindSchuld

BitteBitteBitteBitteBitteBitteBitteBitteBitte ich habe
eine kranke Mutter
AuaAuaAuaAuaAuaAuaAuaAua
BlödBlödBlödBlödBlöd AlleanderensindSchuld
BitteBitteBitteBitteBitteBitteBitteBitteBitte ich habe
eine kranke Mutter
AuaAuaAuaAuaAuaAuaAuaAua
BlödBlödBlödBlödBlöd AlleanderensindSchuld
BitteBitteBitteBitteBitteBitteBitteBitteBitte ich habe
eine kranke Mutter
AuaAuaAuaAuaAuaAuaAuaAua
BlödBlödBlödBlödBlöd AlleanderensindSchuld
BitteBitteBitteBitteBitteBitteBitteBitteBitte ich habe
eine kranke Mutter
AuaAuaAuaAuaAuaAuaAuaAua
BlödBlödBlödBlödBlöd AlleanderensindSchuld
BitteBitteBitteBitteBitteBitteBitteBitteBitte ich habe
eine kranke Mutter
AuaAuaAuaAuaAuaAuaAuaAua
BlödBlödBlödBlödBlöd AlleanderensindSchuld
BitteBitteBitteBitteBitteBitteBitteBitteBitte ich habe
eine kranke Mutter
AuaAuaAuaAuaAuaAuaAuaAua
BlödBlödBlödBlödBlöd AlleanderensindSchuld
BitteBitteBitteBitteBitteBitteBitteBitteBitte ich habe
eine kranke Mutter
AuaAuaAuaAuaAuaAuaAuaAua
BlödBlödBlödBlödBlöd AlleanderensindSchuld
BitteBitteBitteBitteBitteBitteBitteBitteBitte ich habe
eine kranke Mutter
AuaAuaAuaAuaAuaAuaAuaAua
BlödBlödBlödBlödBlöd AlleanderensindSchuld
BitteBitteBitteBitteBitteBitteBitteBitteBitte ich habe
eine kranke Mutter

AuaAuaAuaAuaAuaAuaAuaAua
BlödBlödBlödBlödBlöd AlleanderensindSchuld
BitteBitteBitteBitteBitteBitteBitteBitteBitte ich habe
eine kranke Mutter
AuaAuaAuaAuaAuaAuaAuaAua
BlödBlödBlödBlödBlöd AlleanderensindSchuld
BitteBitteBitteBitteBitteBitteBitteBitteBitte ich habe
eine kranke Mutter
AuaAuaAuaAuaAuaAuaAuaAua
BlödBlödBlödBlödBlöd AlleanderensindSchuld
BitteBitteBitteBitteBitteBitteBitteBitteBitte ich habe
eine kranke Mutter
AuaAuaAuaAuaAuaAuaAuaAua
BlödBlödBlödBlödBlöd AlleanderensindSchuld
BitteBitteBitteBitteBitteBitteBitteBitteBitte ich habe
eine kranke Mutter
AuaAuaAuaAuaAuaAuaAuaAua
BlödBlödBlödBlödBlöd AlleanderensindSchuld
BitteBitteBitteBitteBitteBitteBitteBitteBitte ich habe
eine kranke Mutter
AuaAuaAuaAuaAuaAuaAuaAua
BlödBlödBlödBlödBlöd AlleanderensindSchuld
BitteBitteBitteBitteBitteBitteBitteBitteBitte ich habe
eine kranke Mutter
AuaAuaAuaAuaAuaAuaAuaAua
BlödBlödBlödBlödBlöd AlleanderensindSchuld
BitteBitteBitteBitteBitteBitteBitteBitteBitte ich habe
eine kranke Mutter
AuaAuaAuaAuaAuaAuaAuaAua
BlödBlödBlödBlödBlöd AlleanderensindSchuld
BitteBitteBitteBitteBitteBitteBitteBitteBitte ich habe
eine kranke Mutter
AuaAuaAuaAuaAuaAuaAuaAua
BlödBlödBlödBlödBlöd AlleanderensindSchuld

BitteBitteBitteBitteBitteBitteBitteBitteBitte ich habe
eine kranke Mutter
AuaAuaAuaAuaAuaAuaAuaAua
BlödBlödBlödBlödBlöd AlleanderensindSchuld
BitteBitteBitteBitteBitteBitteBitteBitteBitte ich habe
eine kranke Mutter
AuaAuaAuaAuaAuaAuaAuaAua
BlödBlödBlödBlödBlöd AlleanderensindSchuld
BitteBitteBitteBitteBitteBitteBitteBitteBitte ich habe
eine kranke Mutter
AuaAuaAuaAuaAuaAuaAuaAua
BlödBlödBlödBlödBlöd AlleanderensindSchuld
BitteBitteBitteBitteBitteBitteBitteBitteBitte ich habe
eine kranke Mutter
AuaAuaAuaAuaAuaAuaAuaAua
BlödBlödBlödBlödBlöd AlleanderensindSchuld
BitteBitteBitteBitteBitteBitteBitteBitteBitte ich habe
eine kranke Mutter
AuaAuaAuaAuaAuaAuaAuaAua
BlödBlödBlödBlödBlöd AlleanderensindSchuld
BitteBitteBitteBitteBitteBitteBitteBitteBitte ich habe
eine kranke Mutter
AuaAuaAuaAuaAuaAuaAuaAua
BlödBlödBlödBlödBlöd AlleanderensindSchuld
BitteBitteBitteBitteBitteBitteBitteBitteBitte ich habe
eine kranke Mutter
AuaAuaAuaAuaAuaAuaAuaAua
BlödBlödBlödBlödBlöd AlleanderensindSchuld
BitteBitteBitteBitteBitteBitteBitteBitteBitte ich habe
eine kranke Mutter
AuaAuaAuaAuaAuaAuaAuaAua
BlödBlödBlödBlödBlöd AlleanderensindSchuld
BitteBitteBitteBitteBitteBitteBitteBitteBitte ich habe
eine kranke Mutter

AuaAuaAuaAuaAuaAuaAuaAua
BlödBlödBlödBlödBlöd AlleanderensindSchuld
BitteBitteBitteBitteBitteBitteBitteBitteBitte ich habe
eine kranke Mutter
AuaAuaAuaAuaAuaAuaAuaAua
BlödBlödBlödBlödBlöd AlleanderensindSchuld
BitteBitteBitteBitteBitteBitteBitteBitteBitte ich habe
eine kranke Mutter
AuaAuaAuaAuaAuaAuaAuaAua
BlödBlödBlödBlödBlöd AlleanderensindSchuld
BitteBitteBitteBitteBitteBitteBitteBitteBitte ich habe
eine kranke Mutter
AuaAuaAuaAuaAuaAuaAuaAua
BlödBlödBlödBlödBlöd AlleanderensindSchuld
BitteBitteBitteBitteBitteBitteBitteBitteBitte ich habe
eine kranke Mutter
AuaAuaAuaAuaAuaAuaAuaAua
BlödBlödBlödBlödBlöd AlleanderensindSchuld
BitteBitteBitteBitteBitteBitteBitteBitteBitte ich habe
eine kranke Mutter
AuaAuaAuaAuaAuaAuaAuaAua
BlödBlödBlödBlödBlöd AlleanderensindSchuld
BitteBitteBitteBitteBitteBitteBitteBitteBitte ich habe
eine kranke Mutter
AuaAuaAuaAuaAuaAuaAuaAua
BlödBlödBlödBlödBlöd AlleanderensindSchuld
BitteBitteBitteBitteBitteBitteBitteBitteBitte ich habe
eine kranke Mutter
AuaAuaAuaAuaAuaAuaAuaAua
BlödBlödBlödBlödBlöd AlleanderensindSchuld
BitteBitteBitteBitteBitteBitteBitteBitteBitte ich habe
eine kranke Mutter
AuaAuaAuaAuaAuaAuaAuaAua
BlödBlödBlödBlödBlöd AlleanderensindSchuld

BitteBitteBitteBitteBitteBitteBitteBitteBitte ich habe
eine kranke Mutter
AuaAuaAuaAuaAuaAuaAuaAua
BlödBlödBlödBlödBlöd AlleanderensindSchuld
BitteBitteBitteBitteBitteBitteBitteBitteBitte ich habe
eine kranke Mutter
AuaAuaAuaAuaAuaAuaAuaAua
BlödBlödBlödBlödBlöd AlleanderensindSchuld
BitteBitteBitteBitteBitteBitteBitteBitteBitte ich habe
eine kranke Mutter
AuaAuaAuaAuaAuaAuaAuaAua
BlödBlödBlödBlödBlöd AlleanderensindSchuld
BitteBitteBitteBitteBitteBitteBitteBitteBitte ich habe
eine kranke Mutter
AuaAuaAuaAuaAuaAuaAuaAua
BlödBlödBlödBlödBlöd AlleanderensindSchuld
BitteBitteBitteBitteBitteBitteBitteBitteBitte ich habe
eine kranke Mutter
AuaAuaAuaAuaAuaAuaAuaAua
BlödBlödBlödBlödBlöd AlleanderensindSchuld
BitteBitteBitteBitteBitteBitteBitteBitteBitte ich habe
eine kranke Mutter
AuaAuaAuaAuaAuaAuaAuaAua
BlödBlödBlödBlödBlöd AlleanderensindSchuld
BitteBitteBitteBitteBitteBitteBitteBitteBitte ich habe
eine kranke Mutter
AuaAuaAuaAuaAuaAuaAuaAua
BlödBlödBlödBlödBlöd AlleanderensindSchuld
BitteBitteBitteBitteBitteBitteBitteBitteBitte ich habe
eine kranke Mutter
AuaAuaAuaAuaAuaAuaAuaAua
BlödBlödBlödBlödBlöd AlleanderensindSchuld
BitteBitteBitteBitteBitteBitteBitteBitteBitte ich habe
eine kranke Mutter

AuaAuaAuaAuaAuaAuaAuaAua
BlödBlödBlödBlödBlöd AlleanderensindSchuld
BitteBitteBitteBitteBitteBitteBitteBitteBitte ich habe
eine kranke Mutter
AuaAuaAuaAuaAuaAuaAuaAua
BlödBlödBlödBlödBlöd AlleanderensindSchuld
BitteBitteBitteBitteBitteBitteBitteBitteBitte ich habe
eine kranke Mutter
AuaAuaAuaAuaAuaAuaAuaAua
BlödBlödBlödBlödBlöd AlleanderensindSchuld
BitteBitteBitteBitteBitteBitteBitteBitteBitte ich habe
eine kranke Mutter
AuaAuaAuaAuaAuaAuaAuaAua
BlödBlödBlödBlödBlöd AlleanderensindSchuld
BitteBitteBitteBitteBitteBitteBitteBitteBitte ich habe
eine kranke Mutter
AuaAuaAuaAuaAuaAuaAuaAua
BlödBlödBlödBlödBlöd AlleanderensindSchuld
BitteBitteBitteBitteBitteBitteBitteBitteBitte ich habe
eine kranke Mutter
AuaAuaAuaAuaAuaAuaAuaAua
BlödBlödBlödBlödBlöd AlleanderensindSchuld
BitteBitteBitteBitteBitteBitteBitteBitteBitte ich habe
eine kranke Mutter
AuaAuaAuaAuaAuaAuaAuaAua
BlödBlödBlödBlödBlöd AlleanderensindSchuld
BitteBitteBitteBitteBitteBitteBitteBitteBitte ich habe
eine kranke Mutter
AuaAuaAuaAuaAuaAuaAuaAua
BlödBlödBlödBlödBlöd AlleanderensindSchuld
BitteBitteBitteBitteBitteBitteBitteBitteBitte ich habe
eine kranke Mutter
AuaAuaAuaAuaAuaAuaAuaAua
BlödBlödBlödBlödBlöd AlleanderensindSchuld

BitteBitteBitteBitteBitteBitteBitteBitteBitte ich habe
eine kranke Mutter
AuaAuaAuaAuaAuaAuaAuaAua
BlödBlödBlödBlödBlöd AlleanderensindSchuld
BitteBitteBitteBitteBitteBitteBitteBitteBitte ich habe
eine kranke Mutter
AuaAuaAuaAuaAuaAuaAuaAua
BlödBlödBlödBlödBlöd AlleanderensindSchuld
BitteBitteBitteBitteBitteBitteBitteBitteBitte ich habe
eine kranke Mutter
AuaAuaAuaAuaAuaAuaAuaAua
BlödBlödBlödBlödBlöd AlleanderensindSchuld
BitteBitteBitteBitteBitteBitteBitteBitteBitte ich habe
eine kranke Mutter
AuaAuaAuaAuaAuaAuaAuaAua
BlödBlödBlödBlödBlöd AlleanderensindSchuld
BitteBitteBitteBitteBitteBitteBitteBitteBitte ich habe
eine kranke Mutter
AuaAuaAuaAuaAuaAuaAuaAua
BlödBlödBlödBlödBlöd AlleanderensindSchuld
BitteBitteBitteBitteBitteBitteBitteBitteBitte ich habe
eine kranke Mutter
AuaAuaAuaAuaAuaAuaAuaAua
BlödBlödBlödBlödBlöd AlleanderensindSchuld
BitteBitteBitteBitteBitteBitteBitteBitteBitte ich habe
eine kranke Mutter
AuaAuaAuaAuaAuaAuaAuaAua
BlödBlödBlödBlödBlöd AlleanderensindSchuld
BitteBitteBitteBitteBitteBitteBitteBitteBitte ich habe
eine kranke Mutter
AuaAuaAuaAuaAuaAuaAuaAua
BlödBlödBlödBlödBlöd AlleanderensindSchuld
BitteBitteBitteBitteBitteBitteBitteBitteBitte ich habe
eine kranke Mutter

AuaAuaAuaAuaAuaAuaAuaAua
BlödBlödBlödBlödBlöd AlleanderensindSchuld
BitteBitteBitteBitteBitteBitteBitteBitteBitte ich habe
eine kranke Mutter
AuaAuaAuaAuaAuaAuaAuaAua
BlödBlödBlödBlödBlöd AlleanderensindSchuld
BitteBitteBitteBitteBitteBitteBitteBitteBitte ich habe
eine kranke Mutter
AuaAuaAuaAuaAuaAuaAuaAua
BlödBlödBlödBlödBlöd AlleanderensindSchuld
BitteBitteBitteBitteBitteBitteBitteBitteBitte ich habe
eine kranke Mutter
AuaAuaAuaAuaAuaAuaAuaAua
BlödBlödBlödBlödBlöd AlleanderensindSchuld
BitteBitteBitteBitteBitteBitteBitteBitteBitte ich habe
eine kranke Mutter
AuaAuaAuaAuaAuaAuaAuaAua
BlödBlödBlödBlödBlöd AlleanderensindSchuld
BitteBitteBitteBitteBitteBitteBitteBitteBitte ich habe
eine kranke Mutter
AuaAuaAuaAuaAuaAuaAuaAua
BlödBlödBlödBlödBlöd AlleanderensindSchuld
BitteBitteBitteBitteBitteBitteBitteBitteBitte ich habe
eine kranke Mutter
AuaAuaAuaAuaAuaAuaAuaAua
BlödBlödBlödBlödBlöd AlleanderensindSchuld
BitteBitteBitteBitteBitteBitteBitteBitteBitte ich habe
eine kranke Mutter
AuaAuaAuaAuaAuaAuaAuaAua
BlödBlödBlödBlödBlöd AlleanderensindSchuld
BitteBitteBitteBitteBitteBitteBitteBitteBitte ich habe
eine kranke Mutter
AuaAuaAuaAuaAuaAuaAuaAua
BlödBlödBlödBlödBlöd AlleanderensindSchuld

BitteBitteBitteBitteBitteBitteBitteBitteBitte ich habe
eine kranke Mutter
AuaAuaAuaAuaAuaAuaAuaAua
BlödBlödBlödBlödBlöd AlleanderensindSchuld
BitteBitteBitteBitteBitteBitteBitteBitteBitte ich habe
eine kranke Mutter
AuaAuaAuaAuaAuaAuaAuaAua
BlödBlödBlödBlödBlöd AlleanderensindSchuld
BitteBitteBitteBitteBitteBitteBitteBitteBitte ich habe
eine kranke Mutter
AuaAuaAuaAuaAuaAuaAuaAua
BlödBlödBlödBlödBlöd AlleanderensindSchuld
BitteBitteBitteBitteBitteBitteBitteBitteBitte ich habe
eine kranke Mutter
AuaAuaAuaAuaAuaAuaAuaAua
BlödBlödBlödBlödBlöd AlleanderensindSchuld
BitteBitteBitteBitteBitteBitteBitteBitteBitte ich habe
eine kranke Mutter
AuaAuaAuaAuaAuaAuaAuaAua
BlödBlödBlödBlödBlöd AlleanderensindSchuld
BitteBitteBitteBitteBitteBitteBitteBitteBitte ich habe
eine kranke Mutter
AuaAuaAuaAuaAuaAuaAuaAua
BlödBlödBlödBlödBlöd AlleanderensindSchuld
BitteBitteBitteBitteBitteBitteBitteBitteBitte ich habe
eine kranke Mutter
AuaAuaAuaAuaAuaAuaAuaAua
BlödBlödBlödBlödBlöd AlleanderensindSchuld
BitteBitteBitteBitteBitteBitteBitteBitteBitte ich habe
eine kranke Mutter
AuaAuaAuaAuaAuaAuaAuaAua
BlödBlödBlödBlödBlöd AlleanderensindSchuld
BitteBitteBitteBitteBitteBitteBitteBitteBitte ich habe
eine kranke Mutter

AuaAuaAuaAuaAuaAuaAuaAua
BlödBlödBlödBlödBlöd AlleanderensindSchuld
BitteBitteBitteBitteBitteBitteBitteBitteBitte ich habe
eine kranke Mutter
AuaAuaAuaAuaAuaAuaAuaAua
BlödBlödBlödBlödBlöd AlleanderensindSchuld
BitteBitteBitteBitteBitteBitteBitteBitteBitte ich habe
eine kranke Mutter
AuaAuaAuaAuaAuaAuaAuaAua
BlödBlödBlödBlödBlöd AlleanderensindSchuld
BitteBitteBitteBitteBitteBitteBitteBitteBitte ich habe
eine kranke Mutter
AuaAuaAuaAuaAuaAuaAuaAua
BlödBlödBlödBlödBlöd AlleanderensindSchuld
BitteBitteBitteBitteBitteBitteBitteBitteBitte ich habe
eine kranke Mutter
AuaAuaAuaAuaAuaAuaAuaAua
BlödBlödBlödBlödBlöd AlleanderensindSchuld
BitteBitteBitteBitteBitteBitteBitteBitteBitte ich habe
eine kranke Mutter
AuaAuaAuaAuaAuaAuaAuaAua
BlödBlödBlödBlödBlöd AlleanderensindSchuld
BitteBitteBitteBitteBitteBitteBitteBitteBitte ich habe
eine kranke Mutter
AuaAuaAuaAuaAuaAuaAuaAua
BlödBlödBlödBlödBlöd AlleanderensindSchuld
BitteBitteBitteBitteBitteBitteBitteBitteBitte ich habe
eine kranke Mutter
AuaAuaAuaAuaAuaAuaAuaAua
BlödBlödBlödBlödBlöd AlleanderensindSchuld
BitteBitteBitteBitteBitteBitteBitteBitteBitte ich habe
eine kranke Mutter
AuaAuaAuaAuaAuaAuaAuaAua
BlödBlödBlödBlödBlöd AlleanderensindSchuld

BitteBitteBitteBitteBitteBitteBitteBitteBitte ich habe
eine kranke Mutter
AuaAuaAuaAuaAuaAuaAuaAua
BlödBlödBlödBlödBlöd AlleanderensindSchuld
BitteBitteBitteBitteBitteBitteBitteBitteBitte ich habe
eine kranke Mutter
AuaAuaAuaAuaAuaAuaAuaAua
BlödBlödBlödBlödBlöd AlleanderensindSchuld
BitteBitteBitteBitteBitteBitteBitteBitteBitte ich habe
eine kranke Mutter
AuaAuaAuaAuaAuaAuaAuaAua
BlödBlödBlödBlödBlöd AlleanderensindSchuld
BitteBitteBitteBitteBitteBitteBitteBitteBitte ich habe
eine kranke Mutter
AuaAuaAuaAuaAuaAuaAuaAua
BlödBlödBlödBlödBlöd AlleanderensindSchuld
BitteBitteBitteBitteBitteBitteBitteBitteBitte ich habe
eine kranke Mutter
AuaAuaAuaAuaAuaAuaAuaAua
BlödBlödBlödBlödBlöd AlleanderensindSchuld
BitteBitteBitteBitteBitteBitteBitteBitteBitte ich habe
eine kranke Mutter
AuaAuaAuaAuaAuaAuaAuaAua
BlödBlödBlödBlödBlöd AlleanderensindSchuld
BitteBitteBitteBitteBitteBitteBitteBitteBitte ich habe
eine kranke Mutter
AuaAuaAuaAuaAuaAuaAuaAua
BlödBlödBlödBlödBlöd AlleanderensindSchuld
BitteBitteBitteBitteBitteBitteBitteBitteBitte ich habe
eine kranke Mutter
AuaAuaAuaAuaAuaAuaAuaAua
BlödBlödBlödBlödBlöd AlleanderensindSchuld
BitteBitteBitteBitteBitteBitteBitteBitteBitte ich habe
eine kranke Mutter

AuaAuaAuaAuaAuaAuaAuaAua
BlödBlödBlödBlödBlöd AlleanderensindSchuld
BitteBitteBitteBitteBitteBitteBitteBitteBitte ich habe
eine kranke Mutter
AuaAuaAuaAuaAuaAuaAuaAua
BlödBlödBlödBlödBlöd AlleanderensindSchuld
BitteBitteBitteBitteBitteBitteBitteBitteBitte ich habe
eine kranke Mutter
AuaAuaAuaAuaAuaAuaAuaAua
BlödBlödBlödBlödBlöd AlleanderensindSchuld
BitteBitteBitteBitteBitteBitteBitteBitteBitte ich habe
eine kranke Mutter
AuaAuaAuaAuaAuaAuaAuaAua
BlödBlödBlödBlödBlöd AlleanderensindSchuld
BitteBitteBitteBitteBitteBitteBitteBitteBitte ich habe
eine kranke Mutter
AuaAuaAuaAuaAuaAuaAuaAua
BlödBlödBlödBlödBlöd AlleanderensindSchuld
BitteBitteBitteBitteBitteBitteBitteBitteBitte ich habe
eine kranke Mutter
AuaAuaAuaAuaAuaAuaAuaAua
BlödBlödBlödBlödBlöd AlleanderensindSchuld
BitteBitteBitteBitteBitteBitteBitteBitteBitte ich habe
eine kranke Mutter
AuaAuaAuaAuaAuaAuaAuaAua
BlödBlödBlödBlödBlöd AlleanderensindSchuld
BitteBitteBitteBitteBitteBitteBitteBitteBitte ich habe
eine kranke Mutter
AuaAuaAuaAuaAuaAuaAuaAua
BlödBlödBlödBlödBlöd AlleanderensindSchuld
BitteBitteBitteBitteBitteBitteBitteBitteBitte ich habe
eine kranke Mutter
AuaAuaAuaAuaAuaAuaAuaAua
BlödBlödBlödBlödBlöd AlleanderensindSchuld

BitteBitteBitteBitteBitteBitteBitteBitteBitte ich habe
eine kranke Mutter
AuaAuaAuaAuaAuaAuaAuaAua
BlödBlödBlödBlödBlöd AlleanderensindSchuld
BitteBitteBitteBitteBitteBitteBitteBitteBitte ich habe
eine kranke Mutter
AuaAuaAuaAuaAuaAuaAuaAua
BlödBlödBlödBlödBlöd AlleanderensindSchuld
BitteBitteBitteBitteBitteBitteBitteBitteBitte ich habe
eine kranke Mutter
AuaAuaAuaAuaAuaAuaAuaAua
BlödBlödBlödBlödBlöd AlleanderensindSchuld
BitteBitteBitteBitteBitteBitteBitteBitteBitte ich habe
eine kranke Mutter
AuaAuaAuaAuaAuaAuaAuaAua
BlödBlödBlödBlödBlöd AlleanderensindSchuld
BitteBitteBitteBitteBitteBitteBitteBitteBitte ich habe
eine kranke Mutter
AuaAuaAuaAuaAuaAuaAuaAua
BlödBlödBlödBlödBlöd AlleanderensindSchuld
BitteBitteBitteBitteBitteBitteBitteBitteBitte ich habe
eine kranke Mutter
AuaAuaAuaAuaAuaAuaAuaAua
BlödBlödBlödBlödBlöd AlleanderensindSchuld
BitteBitteBitteBitteBitteBitteBitteBitteBitte ich habe
eine kranke Mutter
AuaAuaAuaAuaAuaAuaAuaAua
BlödBlödBlödBlödBlöd AlleanderensindSchuld
BitteBitteBitteBitteBitteBitteBitteBitteBitte ich habe
eine kranke Mutter
AuaAuaAuaAuaAuaAuaAuaAua
BlödBlödBlödBlödBlöd AlleanderensindSchuld
BitteBitteBitteBitteBitteBitteBitteBitteBitte ich habe
eine kranke Mutter

AuaAuaAuaAuaAuaAuaAuaAua
BlödBlödBlödBlödBlöd AlleanderensindSchuld
BitteBitteBitteBitteBitteBitteBitteBitteBitte ich habe
eine kranke Mutter
AuaAuaAuaAuaAuaAuaAuaAua
BlödBlödBlödBlödBlöd AlleanderensindSchuld
BitteBitteBitteBitteBitteBitteBitteBitteBitte ich habe
eine kranke Mutter
AuaAuaAuaAuaAuaAuaAuaAua
BlödBlödBlödBlödBlöd AlleanderensindSchuld
BitteBitteBitteBitteBitteBitteBitteBitteBitte ich habe
eine kranke Mutter
AuaAuaAuaAuaAuaAuaAuaAua
BlödBlödBlödBlödBlöd AlleanderensindSchuld
BitteBitteBitteBitteBitteBitteBitteBitteBitte ich habe
eine kranke Mutter
AuaAuaAuaAuaAuaAuaAuaAua
BlödBlödBlödBlödBlöd AlleanderensindSchuld
BitteBitteBitteBitteBitteBitteBitteBitteBitte ich habe
eine kranke Mutter
AuaAuaAuaAuaAuaAuaAuaAua
BlödBlödBlödBlödBlöd AlleanderensindSchuld
BitteBitteBitteBitteBitteBitteBitteBitteBitte ich habe
eine kranke Mutter
AuaAuaAuaAuaAuaAuaAuaAua
BlödBlödBlödBlödBlöd AlleanderensindSchuld
BitteBitteBitteBitteBitteBitteBitteBitteBitte ich habe
eine kranke Mutter
AuaAuaAuaAuaAuaAuaAuaAua
BlödBlödBlödBlödBlöd AlleanderensindSchuld
BitteBitteBitteBitteBitteBitteBitteBitteBitte ich habe
eine kranke Mutter
AuaAuaAuaAuaAuaAuaAuaAua
BlödBlödBlödBlödBlöd AlleanderensindSchuld

BitteBitteBitteBitteBitteBitteBitteBitteBitte ich habe
eine kranke Mutter
AuaAuaAuaAuaAuaAuaAuaAua
BlödBlödBlödBlödBlöd AlleanderensindSchuld
BitteBitteBitteBitteBitteBitteBitteBitteBitte ich habe
eine kranke Mutter
AuaAuaAuaAuaAuaAuaAuaAua
BlödBlödBlödBlödBlöd AlleanderensindSchuld
BitteBitteBitteBitteBitteBitteBitteBitteBitte ich habe
eine kranke Mutter
AuaAuaAuaAuaAuaAuaAuaAua
BlödBlödBlödBlödBlöd AlleanderensindSchuld
BitteBitteBitteBitteBitteBitteBitteBitteBitte ich habe
eine kranke Mutter
AuaAuaAuaAuaAuaAuaAuaAua
BlödBlödBlödBlödBlöd AlleanderensindSchuld
BitteBitteBitteBitteBitteBitteBitteBitteBitte ich habe
eine kranke Mutter
AuaAuaAuaAuaAuaAuaAuaAua
BlödBlödBlödBlödBlöd AlleanderensindSchuld
BitteBitteBitteBitteBitteBitteBitteBitteBitte ich habe
eine kranke Mutter
AuaAuaAuaAuaAuaAuaAuaAua
BlödBlödBlödBlödBlöd AlleanderensindSchuld
BitteBitteBitteBitteBitteBitteBitteBitteBitte ich habe
eine kranke Mutter
AuaAuaAuaAuaAuaAuaAuaAua
BlödBlödBlödBlödBlöd AlleanderensindSchuld
BitteBitteBitteBitteBitteBitteBitteBitteBitte ich habe
eine kranke Mutter
AuaAuaAuaAuaAuaAuaAuaAua
BlödBlödBlödBlödBlöd AlleanderensindSchuld
BitteBitteBitteBitteBitteBitteBitteBitteBitte ich habe
eine kranke Mutter

AuaAuaAuaAuaAuaAuaAuaAua
BlödBlödBlödBlödBlöd AlleanderensindSchuld
BitteBitteBitteBitteBitteBitteBitteBitteBitte ich habe
eine kranke Mutter
AuaAuaAuaAuaAuaAuaAuaAua
BlödBlödBlödBlödBlöd AlleanderensindSchuld
BitteBitteBitteBitteBitteBitteBitteBitteBitte ich habe
eine kranke Mutter
AuaAuaAuaAuaAuaAuaAuaAua
BlödBlödBlödBlödBlöd AlleanderensindSchuld
BitteBitteBitteBitteBitteBitteBitteBitteBitte ich habe
eine kranke Mutter
AuaAuaAuaAuaAuaAuaAuaAua
BlödBlödBlödBlödBlöd AlleanderensindSchuld
BitteBitteBitteBitteBitteBitteBitteBitteBitte ich habe
eine kranke Mutter
AuaAuaAuaAuaAuaAuaAuaAua
BlödBlödBlödBlödBlöd AlleanderensindSchuld
BitteBitteBitteBitteBitteBitteBitteBitteBitte ich habe
eine kranke Mutter
AuaAuaAuaAuaAuaAuaAuaAua
BlödBlödBlödBlödBlöd AlleanderensindSchuld
BitteBitteBitteBitteBitteBitteBitteBitteBitte ich habe
eine kranke Mutter
AuaAuaAuaAuaAuaAuaAuaAua
BlödBlödBlödBlödBlöd AlleanderensindSchuld
BitteBitteBitteBitteBitteBitteBitteBitteBitte ich habe
eine kranke Mutter
AuaAuaAuaAuaAuaAuaAuaAua
BlödBlödBlödBlödBlöd AlleanderensindSchuld
BitteBitteBitteBitteBitteBitteBitteBitteBitte ich habe
eine kranke Mutter
AuaAuaAuaAuaAuaAuaAuaAua
BlödBlödBlödBlödBlöd AlleanderensindSchuld

BitteBitteBitteBitteBitteBitteBitteBitteBitte ich habe
eine kranke Mutter
AuaAuaAuaAuaAuaAuaAuaAua
BlödBlödBlödBlödBlöd AlleanderensindSchuld
BitteBitteBitteBitteBitteBitteBitteBitteBitte ich habe
eine kranke Mutter
AuaAuaAuaAuaAuaAuaAuaAua
BlödBlödBlödBlödBlöd AlleanderensindSchuld
BitteBitteBitteBitteBitteBitteBitteBitteBitte ich habe
eine kranke Mutter
AuaAuaAuaAuaAuaAuaAuaAua
BlödBlödBlödBlödBlöd AlleanderensindSchuld
BitteBitteBitteBitteBitteBitteBitteBitteBitte ich habe
eine kranke Mutter
AuaAuaAuaAuaAuaAuaAuaAua
BlödBlödBlödBlödBlöd AlleanderensindSchuld
BitteBitteBitteBitteBitteBitteBitteBitteBitte ich habe
eine kranke Mutter
AuaAuaAuaAuaAuaAuaAuaAua
BlödBlödBlödBlödBlöd AlleanderensindSchuld
BitteBitteBitteBitteBitteBitteBitteBitteBitte ich habe
eine kranke Mutter
AuaAuaAuaAuaAuaAuaAuaAua
BlödBlödBlödBlödBlöd AlleanderensindSchuld
BitteBitteBitteBitteBitteBitteBitteBitteBitte ich habe
eine kranke Mutter
AuaAuaAuaAuaAuaAuaAuaAua
BlödBlödBlödBlödBlöd AlleanderensindSchuld
BitteBitteBitteBitteBitteBitteBitteBitteBitte ich habe
eine kranke Mutter
AuaAuaAuaAuaAuaAuaAuaAua
BlödBlödBlödBlödBlöd AlleanderensindSchuld
BitteBitteBitteBitteBitteBitteBitteBitteBitte ich habe
eine kranke Mutter

AuaAuaAuaAuaAuaAuaAuaAua
BlödBlödBlödBlödBlöd AlleanderensindSchuld
BitteBitteBitteBitteBitteBitteBitteBitteBitte ich habe
eine kranke Mutter
AuaAuaAuaAuaAuaAuaAuaAua
BlödBlödBlödBlödBlöd AlleanderensindSchuld
BitteBitteBitteBitteBitteBitteBitteBitteBitte ich habe
eine kranke Mutter
AuaAuaAuaAuaAuaAuaAuaAua
BlödBlödBlödBlödBlöd AlleanderensindSchuld
BitteBitteBitteBitteBitteBitteBitteBitteBitte ich habe
eine kranke Mutter
AuaAuaAuaAuaAuaAuaAuaAua
BlödBlödBlödBlödBlöd AlleanderensindSchuld
BitteBitteBitteBitteBitteBitteBitteBitteBitte ich habe
eine kranke Mutter
AuaAuaAuaAuaAuaAuaAuaAua
BlödBlödBlödBlödBlöd AlleanderensindSchuld
BitteBitteBitteBitteBitteBitteBitteBitteBitte ich habe
eine kranke Mutter
AuaAuaAuaAuaAuaAuaAuaAua
BlödBlödBlödBlödBlöd AlleanderensindSchuld
BitteBitteBitteBitteBitteBitteBitteBitteBitte ich habe
eine kranke Mutter
AuaAuaAuaAuaAuaAuaAuaAua
BlödBlödBlödBlödBlöd AlleanderensindSchuld
BitteBitteBitteBitteBitteBitteBitteBitteBitte ich habe
eine kranke Mutter
AuaAuaAuaAuaAuaAuaAuaAua
BlödBlödBlödBlödBlöd AlleanderensindSchuld
BitteBitteBitteBitteBitteBitteBitteBitteBitte ich habe
eine kranke Mutter
AuaAuaAuaAuaAuaAuaAuaAua
BlödBlödBlödBlödBlöd AlleanderensindSchuld

BitteBitteBitteBitteBitteBitteBitteBitteBitte ich habe
eine kranke Mutter
AuaAuaAuaAuaAuaAuaAuaAua
BlödBlödBlödBlödBlöd AlleanderensindSchuld
BitteBitteBitteBitteBitteBitteBitteBitteBitte ich habe
eine kranke Mutter
AuaAuaAuaAuaAuaAuaAuaAua
BlödBlödBlödBlödBlöd AlleanderensindSchuld
BitteBitteBitteBitteBitteBitteBitteBitteBitte ich habe
eine kranke Mutter
AuaAuaAuaAuaAuaAuaAuaAua
BlödBlödBlödBlödBlöd AlleanderensindSchuld
BitteBitteBitteBitteBitteBitteBitteBitteBitte ich habe
eine kranke Mutter
AuaAuaAuaAuaAuaAuaAuaAua
BlödBlödBlödBlödBlöd AlleanderensindSchuld
BitteBitteBitteBitteBitteBitteBitteBitteBitte ich habe
eine kranke Mutter
AuaAuaAuaAuaAuaAuaAuaAua
BlödBlödBlödBlödBlöd AlleanderensindSchuld
BitteBitteBitteBitteBitteBitteBitteBitteBitte ich habe
eine kranke Mutter
AuaAuaAuaAuaAuaAuaAuaAua
BlödBlödBlödBlödBlöd AlleanderensindSchuld
BitteBitteBitteBitteBitteBitteBitteBitteBitte ich habe
eine kranke Mutter
AuaAuaAuaAuaAuaAuaAuaAua
BlödBlödBlödBlödBlöd AlleanderensindSchuld
BitteBitteBitteBitteBitteBitteBitteBitteBitte ich habe
eine kranke Mutter
AuaAuaAuaAuaAuaAuaAuaAua
BlödBlödBlödBlödBlöd AlleanderensindSchuld
BitteBitteBitteBitteBitteBitteBitteBitteBitte ich habe
eine kranke Mutter

AuaAuaAuaAuaAuaAuaAuaAua
BlödBlödBlödBlödBlöd AlleanderensindSchuld
BitteBitteBitteBitteBitteBitteBitteBitteBitte ich habe
eine kranke Mutter
AuaAuaAuaAuaAuaAuaAuaAua
BlödBlödBlödBlödBlöd AlleanderensindSchuld
BitteBitteBitteBitteBitteBitteBitteBitteBitte ich habe
eine kranke Mutter
AuaAuaAuaAuaAuaAuaAuaAua
BlödBlödBlödBlödBlöd AlleanderensindSchuld
BitteBitteBitteBitteBitteBitteBitteBitteBitte ich habe
eine kranke Mutter
AuaAuaAuaAuaAuaAuaAuaAua
BlödBlödBlödBlödBlöd AlleanderensindSchuld
BitteBitteBitteBitteBitteBitteBitteBitteBitte ich habe
eine kranke Mutter
AuaAuaAuaAuaAuaAuaAuaAua
BlödBlödBlödBlödBlöd AlleanderensindSchuld
BitteBitteBitteBitteBitteBitteBitteBitteBitte ich habe
eine kranke Mutter
AuaAuaAuaAuaAuaAuaAuaAua
BlödBlödBlödBlödBlöd AlleanderensindSchuld
BitteBitteBitteBitteBitteBitteBitteBitteBitte ich habe
eine kranke Mutter
AuaAuaAuaAuaAuaAuaAuaAua
BlödBlödBlödBlödBlöd AlleanderensindSchuld
BitteBitteBitteBitteBitteBitteBitteBitteBitte ich habe
eine kranke Mutter
AuaAuaAuaAuaAuaAuaAuaAua
BlödBlödBlödBlödBlöd AlleanderensindSchuld
BitteBitteBitteBitteBitteBitteBitteBitteBitte ich habe
eine kranke Mutter
AuaAuaAuaAuaAuaAuaAuaAua
BlödBlödBlödBlödBlöd AlleanderensindSchuld

BitteBitteBitteBitteBitteBitteBitteBitteBitte ich habe
eine kranke Mutter
AuaAuaAuaAuaAuaAuaAuaAua
BlödBlödBlödBlödBlöd AlleanderensindSchuld
BitteBitteBitteBitteBitteBitteBitteBitteBitte ich habe
eine kranke Mutter
AuaAuaAuaAuaAuaAuaAuaAua
BlödBlödBlödBlödBlöd AlleanderensindSchuld
BitteBitteBitteBitteBitteBitteBitteBitteBitte ich habe
eine kranke Mutter
AuaAuaAuaAuaAuaAuaAuaAua
BlödBlödBlödBlödBlöd AlleanderensindSchuld
BitteBitteBitteBitteBitteBitteBitteBitteBitte ich habe
eine kranke Mutter
AuaAuaAuaAuaAuaAuaAuaAua
BlödBlödBlödBlödBlöd AlleanderensindSchuld
BitteBitteBitteBitteBitteBitteBitteBitteBitte ich habe
eine kranke Mutter